Deuxième édition octobre 2019

© 2015 Éditions NordSud
18, rue de l'Ouvrage
B-5000 Namur
www.editionsnordsud.fr

Traduit de l'allemand par Anne-Judith Descombey

Texte © Brigitte Weninger
Illustrations © Ève Tharlet
© 2015 NordSüd Verlag
Titre original :
Geschichten aus dem Weihnachtswald.
24 Adventgeschichten

ISBN 978-2-8311-0093-7
D/2015/3712/44

Imprimé en Belgique

Brigitte Weninger   Ève Tharlet

24 Histoires de Noël
Le livre de l'Avent

NordSud

1. L'arrivée

Juste à l'instant où Grand-Père Moïse, le lutin des bois, sortait de chez lui avec une corbeille remplie de bois, la lune se leva dans le ciel.

– Brrr ! Il va geler cette nuit, grommela-t-il dans sa barbe. Si je veux que mes petits-enfants ne se transforment pas en esquimaux, il faudra que je les garde bien au chaud.

Il empila le bois sous son arbre de vie, alluma un feu et posa un chaudron rempli de soupe sur les flammes crépitantes. Cela fait, il rentra en hâte, car il avait fort à faire.

Sur les plus hautes branches étaient perchées deux chouettes à l'épais plumage :

– Hou hou, Maman, tu as vu ça ? demanda le bébé chouette, qui avait toujours faim.

Ses yeux perçants avaient repéré un mouvement dans les herbes, mais aucun animal n'était visible.

– Oh, ce sont sans doute de petites créatures comme Grand-Père Moïse, expliqua la maman chouette, mais leurs capes de camouflage les rendent invisibles.

– Hum ! Et quel goût ont-elles ? s'enquit Bébé chouette.

– Qu'est-ce que tu racontes ? s'exclama sa maman effrayée. Nous ne les mangeons pas. Ce sont des amies qui nous aident souvent, nous autres animaux des bois.

– Ah bon ! Et où vivent-elles ?

– Un peu partout dans le monde, répondit Maman chouette après un instant de réflexion. Certaines habitent même dans les maisons des grandes créatures, mais on ne les voit jamais parce qu'elles sont trop petites et qu'elles portent toujours leurs capes de camouflage.

– Pourquoi sont-elles ici ce soir ?

– Ah, mon gros ver de terre adoré, comment veux-tu que je le sache ? soupira Maman chouette. Si tu te tiens tranquille et si tu ouvres bien les oreilles, peut-être le découvriras-tu.

– Grand-Père ! Grand-Père ! Nous voilà-à-à ! cria-t-on en bas.

Après avoir ôté leurs capes de camouflage, les deux lutins jumeaux, Léa et Léo, apparurent avec leur père Théo, qui portait un gros sac à dos. Les quatre lutins se saluèrent à la manière des petites créatures en frottant trois fois le bout de leur nez contre celui des autres et en disant : « Pirli Pim Poum ! »

— Je suis bien content de vous voir arriver si tôt ! déclara Grand-Père Moïse tout sourire. Ça nous laissera tout le temps pour manger et pour bavarder. Avez-vous fait bon voyage ? Comment va votre mère ?

Il enveloppa ses petits-enfants dans de moelleuses couvertures en poil de daim, puis ils s'assirent devant le feu.

— Oh, le voyage n'a pas été bien long, déclara Léo. Nous avons rencontré en chemin un renard et Léa a eu si peur qu'elle a failli faire dans sa culotte. Mais ce renard était très gentil parce que Papa lui avait un jour enlevé une épine de la patte. Alors il nous a fait asseoir sur son dos et il nous a menés jusqu'ici. C'était super !

— Je n'ai pas du tout fait dans ma culotte ! protesta Léa. J'ai eu peur seulement au début, mais ce renard était vraiment gentil. Et Maman est maintenant très fatiguée et si ronde qu'elle roule presque en bas de son lit. Quand les bébés seront là, elle ira sûrement mieux, dit-elle en regardant son père.

— Oui, acquiesça Théo. Mona doit se reposer en ce moment et ce n'est pas facile avec deux petits lutins turbulents à la maison. C'est vraiment gentil de prendre les enfants chez toi pour quelques semaines, Moïse. Je reviendrai les chercher quand les bébés seront là.

— Oh, ce n'est rien, répondit Moïse tout joyeux. Je suis bien content de les voir. Nous allons prendre du bon temps tous les trois. Je vais maintenant vous servir un bol de soupe fortifiante avant de vous montrer vos chambres.

– J'en prendrai volontiers, mais ensuite Rusard le renard me ramènera à la maison : je ne veux pas laisser Mona seule trop longtemps, dit Théo.

Moïse hocha la tête et plongea sa louche dans la soupe fumante.

Bientôt, plus personne ne prononça un mot, car tous étaient trop occupés à se régaler.

– Merci pour tout, Moïse, déclara Théo en se levant. Je m'en vais. Tu trouveras dans ce sac à dos les affaires des enfants et quelques cadeaux de Mona.

Les deux petits lutins se serrèrent contre leur père.

– Pirli Pim Poum, Papa ! Prends bien soin de Maman ! lui dirent-ils.

Théo serra ses enfants bien fort contre lui, puis siffla entre ses doigts et une ombre souple surgit à la lisière de la forêt.

– Rusard est prêt à repartir, dit Théo. Soyez bien sages, mes enfants, et ne fatiguez pas votre grand-père. Je vous fais confiance. Pirli Pim Poum !

Léo et Léa le saluèrent de la main avant de se rasseoir devant le feu avec leur grand-père.

– Grand-Père, tu peux nous raconter une histoire ? demandèrent-ils.

Après leur avoir donné une grosse tranche de gâteau aux noisettes, Moïse ferma un instant les yeux comme pour regarder en lui-même, puis commença son histoire.

Pirli Pim Poum !

2. Marie la malchanceuse

Un choc sourd retentit…

… suivi de pleurs : « Maman ! Aïe ! Ouhouhou ! »

Maman sursauta, leva les yeux de son travail et se précipita en direction des pleurs. Sa petite fille en larmes se tenait le front, assise devant une étagère chargée de livres.

– Marie ! Que se passe-t-il encore ?

– Je voulais… juste prendre mon… livre de contes… et le gros livre de cuisine… m'est tombé sur la tête, sanglota Marie.

Sa mère la prit dans ses bras et l'emporta à la cuisine. Pendant qu'elle appliquait une compresse de glace sur son front, elle poussa un soupir.

– Ma pauvre chérie ! Tu es une petite Marie vraiment malchanceuse ! dit-elle.

Rien n'était plus vrai : la malchance poursuivait Marie. Dès que Marie se dirigeait vers une porte ouverte, celle-ci se refermait toute seule à son nez. Quand tous les enfants recevaient un bonbon, il n'en restait plus pour elle. Quand une crotte de chien se dissimulait sous des feuilles mortes, Marie marchait infailliblement dedans. Et elle ne ratait jamais une occasion de se faire mal : elle se cognait, se pinçait ou s'écorchait sans arrêt. Elle portait toujours au moins un sparadrap.

Pour les vacances de Noël, la famille de Marie partit comme chaque année dans la ferme de Grand-Mère. Marie adorait la vie à la ferme et accompagnait toujours sa grand-mère dans sa ronde du soir.

– Bonne nuit, mes poules chéries ! Fais de beaux rêves, mon gentil mouton ! Repose-toi bien, ma brave vache ! disait-elle aux animaux.

Mais ce soir-là, alors que Marie fermait le grand portail de la ferme, une vive lumière traversa le ciel.

– Mamie, regarde là-bas ! cria-t-elle.

– Tiens, une étoile filante ! dit joyeusement la grand-mère. Tu as de la chance, Marie : tu peux faire un vœu !

– Alors j'aimerais bien ne plus être aussi malchanceuse, répondit tristement Marie.

Sa grand-mère la serra contre elle pour la réconforter.

– C'est exactement ce que je te souhaite aussi, déclara-t-elle.

– Tu as vu, Mamie ? L'étoile filante est tombée juste derrière les bois ! reprit Marie, surexcitée. On pourra aller voir demain si elle y est toujours ?

Sa grand-mère rit et répondit que oui.

Le lendemain, Marie et sa grand-mère passèrent des bottes et des anoraks bien chauds avant de partir dans les bois. Marie avait remarqué que l'étoile était tombée derrière la cime du vieux sapin géant.

Et ce fut là, sur la mousse, qu'elle découvrit une petite étoile d'or et d'argent scintillante. À sa vue, son cœur bondit dans sa poitrine.

– Tu crois que c'est un morceau de l'étoile filante ? demanda-t-elle à sa grand-mère.

– C'est bien possible, répondit celle-ci. Ça voudrait dire que notre souhait s'est déjà réalisé, car seuls les enfants qui ont beaucoup de chance trouvent le reste d'une bonne étoile au beau milieu des bois !

– Tu as raison : je ne suis plus Marie la malchanceuse ! se réjouit la petite fille.

Ravie, elle emporta sa précieuse découverte chez sa grand-mère, sans trébucher ni se faire mal une seule fois en chemin.

À dater de ce jour, Marie porta sa bonne étoile avec une petite cordelette autour du cou, et tout alla de mieux en mieux pour elle. L'arnica sécha dans son tube et les sparadraps disparurent. Désormais, Marie réussissait à éviter les crottes de chien et, avant qu'une porte ait le temps de se refermer à son nez, elle passait le pied dans l'embrasure.

On cessa bientôt de l'appeler Marie la malchanceuse.

Un an plus tard, quand elle entra à l'école, elle se retrouva assise en classe à côté d'un malchanceux. Elle lui offrit sa bonne étoile et se fit ainsi un nouvel ami.

3. Madame Hiver

Il était une fois une veuve qui avait deux filles. L'une était belle et travailleuse, l'autre laide et paresseuse, mais la veuve préférait de beaucoup la seconde, qui était sa vraie fille.

L'autre, qui n'était que sa belle-fille, devait tout faire à la maison et devait filer la laine à en avoir les doigts en sang. Un jour que cela lui était encore arrivé, elle voulut nettoyer sa quenouille à la fontaine, mais elle lui glissa des mains et tomba à l'eau. La fille se mit à pleurer et courut tout raconter à sa mère, qui la gronda et lui ordonna de repêcher la quenouille.

Dans son effroi, la fille sauta dans la fontaine, où elle perdit connaissance. Lorsqu'elle revint à elle, elle était allongée dans une prairie ensoleillée et couverte de fleurs.

« Où suis-je ? » se demanda-t-elle, stupéfaite.

Elle se leva et s'éloigna. Au bout d'un moment, elle arriva devant un four rempli de pains.

– Sors-nous de là, sors-nous de là, sinon nous brûlerons ! lui crièrent-ils. Il y a longtemps que nous sommes cuits !

La fille prit la pelle, sortit les miches odorantes du four et les déposa soigneusement dans une corbeille.

Elle poursuivit son chemin. Alors qu'elle entrait dans une clairière, elle vit un grand arbre aux branches chargées de pommes.

– Cueille-nous, cueille-nous ! la supplièrent-elles. Il y a longtemps que nous sommes mûres !

La fille cueillit toutes les pommes et les empila près de l'arbre.

Elle arriva enfin devant une petite maison accueillante. « Je vais demander à manger ici », se dit-elle.

Une vieille femme regardait par la fenêtre. Elle avait des dents si grandes que la fille prit peur et voulut repartir.

– Pourquoi as-tu peur, ma mignonne ? lança la vieille. Reste donc et aide-moi à la maison. Si tu es travailleuse, tu t'en féliciteras. Mais veille à bien secouer ma literie ! Quand les plumes volent en tous sens, il neige sur le monde, car je suis madame Hiver.

La fille reprit courage et entra au service de la vieille dame. Elle y resta longtemps et donna entièrement satisfaction à la vieille, qui n'eut jamais à se plaindre d'elle.

À la longue, pourtant, la fille devint triste. Elle comprit qu'elle avait le mal du pays. Elle alla donc voir madame Hiver pour lui demander son congé.

— Ma famille me manque, expliqua-t-elle. Même si je vis bien mieux ici, je préfère rentrer chez moi.

Madame Hiver hocha la tête.

— Je suis contente que tu veuilles rentrer chez toi, dit-elle aimablement. Comme tu m'as bien servie, je te ramènerai moi-même chez toi.

Elle prit la fille par la main et la mena à un grand portail. Il s'ouvrit et quand la fille le franchit, une pluie d'or se déversa sur elle et la recouvrit entièrement.

— C'est ton salaire, pour avoir si bien travaillé, déclara joyeusement madame Hiver, et elle lui rendit la quenouille qu'elle avait laissé tomber dans la fontaine.

La porte se referma et la fille se retrouva chez elle. Quand elle passa devant la fontaine, un coq perché sur le bord chanta : « Cocorico ! Corcorico ! Voilà notre Marie cousue d'or ! »

Marie entra chez elle et comme elle rapportait un monceau d'or, personne ne la gronda et on lui fit bon accueil. Elle raconta à sa belle-mère et à sa sœur son séjour chez madame Hiver, et la belle-mère voulut aussitôt que son laideron de fille devienne aussi riche que Marie.

La paresseuse dut à son tour s'asseoir au bord de la fontaine et filer. Elle se piqua le doigt pour tacher de sang la quenouille, qu'elle jeta à l'eau avant de la suivre.

Comme sa sœur, elle revint à elle dans la prairie et arriva devant le four.

— Sors-nous de là, sors-nous de là ! crièrent les pains. Il y a longtemps que nous sommes cuits !

— Non merci, je n'ai pas envie de me salir ! répondit-elle, et elle poursuivit son chemin.

Elle entra dans la clairière et reconnut le pommier.

— Cueille-nous, cueille-nous ! supplièrent les pommes. Il y a longtemps que nous sommes mûres !

— Sûrement pas ! Pour que l'une de vous me tombe sur la tête ! répondit-elle avant de s'éloigner.

Elle arriva devant la maison de madame Hiver. Elle n'avait pas peur de la vieille et elle entra immédiatement à son service. Le premier jour, elle travailla bien, car elle pensait à tout l'or qu'elle recevrait pour ses services. Mais dès le deuxième jour, elle redevint paresseuse, et le matin du troisième, elle ne voulut même pas se lever. Elle ne secoua donc pas la literie et les plumes restèrent dans les oreillers.

Madame Hiver en eut vite assez.

– Rentre chez toi! dit-elle à la fille. Je me passerai très bien de tes services.

La paresseuse en fut enchantée, car elle attendait seulement la pluie d'or. Mais quand elle franchit le portail, ce fut de la poix noire et collante qui se déversa sur elle.

– Voilà tout ce que tu mérites pour tes services, déclara madame Hiver.

La fille rentra chez elle et quand elle passa devant la fontaine, le coq perché sur le bord chanta : « Cocorico ! Cocorico ! Te voilà pleine de poix ! »

Et la poix resta collée à elle jusqu'à son dernier jour.

4. La luge

– Vite, habillez-vous ! Aujourd'hui, on peut enfin faire de la luge ! lança Suzie à ses frères un matin d'hiver.

– Hourra ! C'est parti ! jubilèrent Jules et John.

Ils jetèrent leurs jouets et sortirent de leur chambre en courant.

Les trois enfants enfilèrent en vitesse leurs anoraks et leurs bottes fourrées. Leur mère sortit de l'armoire des bonnets de laine et des gants assortis.

– Il était grand temps que des petits diables turbulents comme vous prennent l'air, leur dit-elle. Amusez-vous bien, mais faites attention !

– À tout à l'heure, Maman ! cria Suzie. Nous te rapporterons peut-être un bouquet de flocons de neige !

– Ou un ours polaire ! lança John.

– Ou un abominable homme des neiges ! gloussa Jules.

– Revenez plutôt de joyeuse humeur et avec de l'appétit ! répondit Maman dans un éclat de rire. Allez, dehors !

Les trois enfants sortirent la grande luge de la remise et gravirent le sentier que leur père avait déblayé avec le chasse-neige.

Lorsqu'ils parvinrent en haut, tout essoufflés, ils regardèrent autour d'eux.

C'était magnifique ! Il avait neigé à gros flocons pendant trois jours, et ce matin-là, le soleil transformait les environs en un paysage de contes de fées.

Mais les enfants ne le contemplèrent pas longtemps.

– C'est moi qui conduis ! cria Suzie. Montez à bord et cramponnez-vous !

La grande luge glissait comme sur des rails vers la vallée et les enfants poussaient des cris de joie.

– Encore ! Encore ! réclamèrent John et Jules quand ils furent en bas.

Ils remontèrent aussitôt. Le silence régnait dans la forêt enneigée. Les enfants n'entendaient plus que leur respiration et le crissement de la neige sous leurs bottes.

Ils perçurent soudain un autre bruit : un grognement sourd, suivi de halètements et de gémissements désespérés. C'était très étrange et plutôt inquiétant.

– Au secours ! Qu'est-ce que c'est ? demanda Suzie, effrayée.

– Peut-être un ours polaire ? suggéra John.

– Ou un abominable homme des neiges ? chuchota Jules.

– Quelles bêtises ! Il n'y a ici ni ours polaires, ni abominables hommes des neiges ! trancha Suzie.

Les trois enfants retinrent leur souffle et tendirent l'oreille. Les grognements se muèrent en bruits semblables à des pleurs…

– Un fantôme ! hurla John, terrifié, en se cramponnant à sa grande sœur.

– Espèce d'idiot ! Un fantôme le matin ? lança Suzie. Je vais voir, décida-t-elle au bout d'un instant. C'est peut-être quelqu'un qui a besoin d'aide.

– On y va avec toi… pour te protéger, déclarèrent John et Jules d'une voix tremblante.

Laissant leur luge, les enfants entrèrent dans la forêt en se tenant par la main. La neige molle étouffait le bruit de leurs pas, mais les grognements et les gémissements devenaient de plus en plus forts.

– Ça doit être derrière ce buisson, souffla Suzie à ses frères.

Le cœur battant, les enfants s'approchèrent avec précaution du buisson enneigé.

Ils découvrirent, couché dans la neige profonde, un grand renne dont l'imposante ramure s'était prise dans les fils métalliques d'une clôture. L'animal ne pouvait plus se relever. Quand il aperçut les enfants, il cria et tenta de se dégager, en vain.

– Oh non, c'est sûrement le renne du père Noël ! chuchota John, consterné.

– Si nous ne le libérons pas, nous n'aurons pas de cadeaux ! observa Jules.

Suzie acquiesça.

– Venez, on va chercher Papa ! dit-elle.

Les enfants coururent vers leur luge et dévalèrent la colline. Surexcités, ils racontèrent leur découverte à leurs parents.

Leur père s'habilla aussitôt et alla prendre une paire de tenailles. Les enfants l'accompagnèrent pour lui montrer le chemin.

Quand ils retrouvèrent le renne, il ne pouvait plus crier tellement il était enroué. Le père s'approcha de lui avec précaution, coupa le fil et dégagea ses bois. Le renne se releva en chancelant et secoua la tête.

Les enfants avaient envie de pousser des cris de joie, mais ils restèrent silencieux. Ils observaient le renne avec curiosité en se demandant s'il allait s'enfuir, mais l'animal restait immobile et les regardait de ses beaux yeux sombres. Au bout d'un moment, il baissa la tête, se détourna et s'éloigna majestueusement vers la forêt. Un instant plus tard, il avait disparu.

– Bravo, les enfants ! Vous avez fait exactement ce qu'il fallait ! déclara fièrement leur père en les serrant contre lui.

Le père Noël était visiblement du même avis, car cette année-là, il apporta à Suzie, à John et à Jules des cadeaux encore plus beaux que d'habitude.

Sur leurs emballages étaient collées des étiquettes sur lesquelles ils lurent : « En souvenir de votre aide. Merci ! »

5. La liste de cadeaux de Milo

Par une belle journée d'hiver, Milo dansait au jardin en chantant :
– Hourra, hourra, tralala-la-la, bientôt le père Noël sera là !
Il avait hâte d'ouvrir ses cadeaux !
– Viens, Mixmax, on va rendre visite à madame Élise, dit-il à sa souris en chiffon.
Les deux amis se glissèrent chez la voisine à travers la clôture du jardin.
– Tiens, tiens, j'ai de la visite, commenta la vieille dame avec un sourire. Alors, Milo, as-tu déjà fait ta liste de cadeaux pour le père Noël ? demanda-t-elle en lui préparant un chocolat chaud.
– Non ! répondit Milo, surpris. Je ne sais pas encore écrire.
– Mais tu peux dessiner les cadeaux dont tu as envie, observa madame Élise, et elle lui tendit un feutre et une feuille de papier.
Une heure plus tard, Milo avait couvert cinq feuilles de dessins, mais il n'avait pas encore fini sa liste.
– J'aimerais avoir un vrai éléphant… un avion, pour aller voir Mamie… une voiture de course pour Mixmax, et… dit-il.
Madame Élise hochait la tête, ébahie.
– Dis-moi, Milo, ça fait déjà beaucoup, remarqua-t-elle. Quand j'avais ton âge, le père Noël apportait un seul cadeau à chaque enfant.
– Ah bon… fit Milo, songeur. Mais je devrais peut-être faire encore un dessin pour Mixmax ? Lui, il ne peut pas…
Mais il ne fit pas d'autre dessin et rentra chez lui tout pensif.
À la maison, Milo et sa maman collèrent des étoiles de toutes les couleurs aux fenêtres et firent cuire des biscuits de Noël.
– Tu travailles très bien, le complimenta Maman. Le père Noël est sûrement content que tu m'aides aussi gentiment.
– Tu crois qu'il peut voir ma liste de cadeaux ? demanda Milo.
– Certainement. Pose-la sur le bord de la fenêtre !

Cette nuit-là, Milo rêva du père Noël. Il était arrivé en traîneau et il avait apporté des cadeaux pour Milo : des livres d'images, un train, du chewing-gum, un garage à voitures, une maison miniature, une voiture de course, un cheval, un ours en peluche et encore une foule de jouets.

Mais quand le père Noël fit entrer le gigantesque éléphant dans sa chambre, les fenêtres dégringolèrent et quand il y fourra la fusée, le toit s'envola…

– Aaaaah !

Milo se réveilla en sursaut, couvert de sueur.

– Au secours, Mixmax ! cria-t-il. Que pouvons-nous faire ? Si le père Noël apporte tout ce que j'ai mis sur ma liste, il ne restera plus de place à la maison ! Il faut que je récupère ma liste en vitesse !

Il courut à la fenêtre, mais c'était trop tard : la liste avait disparu.

Il se précipita dans la chambre de sa mère et se glissa à côté d'elle sous les couvertures.

– Que se passe-t-il ? murmura-t-elle à demi-endormie. Tu as fait un cauchemar ?

– Oui, sanglota Milo, et il lui raconta tout. Et madame Élise m'a dit qu'on ne pouvait avoir qu'un seul cadeau ! conclut-il.

– Ce n'est pas tout à fait exact, déclara Maman avec un sourire. On peut mettre ce qu'on veut sur la liste, mais on ne peut pas tout avoir – en tout cas, pas en une fois.

– Tu crois que le père Noël sait ce qu'il doit m'apporter ? demanda Milo.

– Certainement, répondit Maman. Il est très intelligent.

Le soir de Noël arriva enfin. Milo frétillait d'impatience.

Il rangea soigneusement sa chambre, aida sa mère à faire la cuisine et à décorer le sapin de Noël. Il courait sans arrêt à la fenêtre pour voir si le père Noël arrivait, mais il dut attendre la fin du repas de Noël pour le découvrir.

– Ooooh, comme c'est beau !

Le père Noël avait allumé toutes les lumières du sapin. Au pied de l'arbre étaient posés les cadeaux de Milo : un magnifique garage, une lampe en forme de Mickey, un jeu de *Donjons et Dragons* palpitant et un pyjama imprimé de voitures de course.

– Et ça ? Qu'est-ce que c'est ? demanda Milo avec curiosité en déballant le dernier cadeau. Regarde, Maman… c'est un gros livre ! Toutes les feuilles de ma liste de cadeaux sont collées sur les premières pages, mais il n'y a rien sur les autres…

Maman éclata de rire.

– Ça, c'est une excellente idée du père Noël ! répondit-elle. Tu pourras dessiner sur les pages blanches tous les cadeaux que tu veux pour Noël, pour ton anniversaire, à Pâques et même tous les jours de l'année !

Tout joyeux, Milo, sa mère et Mixmax dansèrent en chantant : « Hourra, hourra, tralala-la-la, ce soir le père Noël est là ! »

6. Le petit et le grand Nicolas

Tout le monde au village connaissait l'étrange vieux Colas. Il habitait seul une petite maison de guingois et portait toute l'année les mêmes vêtements : un long manteau brun-rouge et un grand bonnet pointu qui le faisait paraître encore plus grand et plus maigre qu'il n'était. Le vieil homme allait ainsi vêtu par les étés les plus chauds et les hivers les plus froids.

Quoi d'étonnant si les enfants du village se moquaient de lui ? Ils l'appelaient « Colas-Nicolas en chocolat ! » et détalaient en riant quand il les menaçait de sa canne.

Mais ce n'était pas tout. Dans le jardin du vieux Colas s'élevait le plus beau pommier du village, qui donnait chaque année des fruits délicieux.

— C'est une espèce très ancienne venue d'un pays lointain ! racontaient les villageoises en jetant des regards envieux par-dessus la clôture du jardin.

Les garçons du village aimaient prouver leur courage en grimpant à cet arbre imposant pour y cueillir quelques pommes. Alors, Colas surgissait de sa maison en les maudissant pour les attraper.

Un soir d'automne, un garçon ne put s'enfuir à temps. Il essaya sans succès d'escalader la clôture alors que Colas s'approchait de lui, furieux, en brandissant sa canne.

Épuisé, le garçon se laissa retomber sur l'herbe, les mains levées au-dessus de la tête pour se protéger. Ses épaules frémissaient.

Quand le vieux Colas le remarqua, il laissa tomber sa canne et aida le garçon à se relever.

— Je ne te ferai pas de mal, petit vaurien, grommela-t-il, mais je ne veux plus te revoir ici. Je ne vois pas ce que ça a de si drôle de casser des branches d'arbre et de voler des pommes. Pourquoi fais-tu ça ?

— Parce que je voulais prouver mon courage, moi aussi, souffla le garçon. Parce que les autres se moquent toujours de moi.

Tous deux se regardèrent en silence. Au bout d'un instant, le vieil homme tendit la main au garçon.

— Je m'appelle Colas, dit-il.

– Je sais, répondit le garçon. Moi aussi, je m'appelle Colas.

Ils se mirent à rire et à chanter en même temps : « Colas-Nicolas en chocolat ! »

– Au lieu de voler une pomme, en veux-tu une en cadeau ? demanda le grand Colas.

Le petit Colas fit signe que oui et le suivit dans sa maison. Quand il eut passé le seuil, il s'arrêta, stupéfait : les murs de la maison étaient couverts d'étagères sur lesquelles s'alignaient des pots de compote de pommes, de jus de pommes, de confiture de pommes et de gelée de pommes. Le vieil homme ouvrit une porte et le garçon le suivit dans une autre pièce également tapissée d'étagères sur lesquelles trônaient des pommes en rangs impeccables.

– Mais c'est de la folie ! s'écria le petit Colas. Qui pourrait manger tout ça ?

Le grand Colas hocha tristement la tête.

– Je n'en sais rien, répondit-il. Je vis seul et personne ne vient jamais me voir… mais je ne peux pas laisser pourrir ces merveilleuses pommes. Prends-en autant que tu veux.

Le petit Colas saisit une pomme bien rouge, mordit dedans d'un air pensif et sourit tout à coup.

– Écoute-moi bien, mon grand Colas, dit-il. Je viens d'avoir une idée…

Si, deux mois plus tard, les villageois avaient mis le nez à leurs fenêtres le soir de la Saint-Nicolas, ils auraient vu deux étranges silhouettes tirant un lourd traîneau dans la nuit glaciale.

Mais personne ne les remarqua, car tout le monde était assis bien au chaud devant son poste de télévision.

L'une des silhouettes était très grande, l'autre petite. Toutes deux portaient de longs manteaux et de grands bonnets pointus. Elles s'arrêtaient devant chaque maison pour y déposer un petit sac. Chacun de ces sacs contenait des pommes bien rouges, un pot de délicieuse compote ou gelée de pommes et des noix. Les deux silhouettes déposaient les sacs devant les portes et repartaient main dans la main.

Quand leur traîneau fut vide, elles disparurent en gloussant dans un jardin au milieu duquel s'élevait un grand pommier aux branches nues.

7. La potion magique

Léo et Léa étaient chez leur grand-père depuis plusieurs nuits, et pendant ce temps, il avait tellement neigé qu'ils ne pouvaient plus jouer dehors. Mais ce soir-là, la lune brillait de nouveau dans le ciel et ses rayons argentés transformaient le monde en un paysage féérique.

– Pirli Pim Poum ! cria Grand-Père Moïse. Sortez de vos lits, petites marmottes ! Il fait nuit depuis longtemps !

À demi endormis, les deux lutins émergèrent de leurs couvertures en fourrure.

– Où voulez-vous dîner ? demanda-t-il. À la maison ou dehors ?

Léo et Léa s'approchèrent de la fenêtre pour regarder au dehors.

– Oh… que c'est beau ! On voit déjà les étoiles ! Nous voulons manger dehors, boire de la potion au miel et fabriquer un grand lutin de neige ! s'écria Léa.

– Attendez un peu ! cria son grand-père alors qu'elle posait déjà la main sur la poignée de la porte. Il faut d'abord bien vous couvrir. J'ai allumé un grand feu et j'ai préparé de la potion. Allez, dépêchez-vous et n'oubliez pas vos bonnets !

Un instant plus tard, les trois lutins se dirigeaient vers le vieux chêne.

– Hou-hou, regarde, Maman : trois boules colorées qui roulent sur la neige ! s'exclama Bébé chouette, toujours affamé. Tu crois que c'est bon ?

– Mais non, c'est Grand-Père Moïse et les deux petites créatures qui lui rendent visite, expliqua sa maman. Ils doivent toujours s'emmitoufler en hiver parce qu'ils n'ont pas de plumage bien chaud comme nous.

Un instant plus tard, les lutins étaient tous trois assis devant un feu crépitant, mangeaient des tartines de confiture de noisettes et buvaient de la potion au miel.

Grand-Père Moïse regardait d'un air songeur le fond de son gobelet taillé dans un gland.

– Je me souviens du temps où j'avais votre âge, dit-il. En ce temps-là, notre famille se réunissait la nuit du solstice d'hiver autour d'un feu allumé par mon grand-père. Nous préparions la délicieuse potion magique des lutins des bois et nous nous racontions des histoires. Chaque visiteur apportait quelque chose de bon : une poignée de baies, des herbes séchées, des écorces de fruits, des épices… et, bien sûr, des histoires !

Cette belle coutume des lutins est tombée dans l'oubli. C'est dommage…

– Mais nous sommes là ! s'écria Léo. Nous aussi, nous pouvons te raconter des histoires. Nous en connaissons plein. Et nous pourrions peut-être inviter quelqu'un à boire de la potion…

– Et nous avons dans notre sac à dos des tas de bonnes choses que Maman a préparées, dit Léa. Nous les partagerons… Oh ! Regardez ! s'exclama-t-elle en montrant le ciel. Qu'est-ce que c'est ? Une chauve-souris qui porte une lanterne ?

Léo et Grand-Père Moïse levèrent les yeux vers le ciel, où une longue traînée lumineuse étincela avant de disparaître.

– Non, ce n'était pas une chauve-souris, mais une étoile filante, répondit Moïse avec un sourire. Puis-je vous révéler un merveilleux secret ?

Léo et Léa hochèrent la tête avec tant d'enthousiasme que la pointe de leurs bonnets colorés dansa.

– Oui, raconte, Grand-Père !

Et ils se blottirent contre lui, les yeux levés vers le ciel noir.

– Alors écoutez-moi bien. La plupart des étoiles là-haut dans le ciel sont des soleils brûlants et si lointains que nous ne voyons d'elles que des points brillants. Mais il existe d'autres étoiles fabriquées par les enfants, car dès qu'un enfant rêve de quelque chose de beau, de grand et d'extraordinaire, une petite étoile apparaît dans le ciel et scintille jusqu'à ce que le vœu de l'enfant se réalise. Cela peut prendre un certain temps, mais quand ce jour arrive, une magnifique étoile filante traverse le ciel.

– C'est merveilleux, chuchota Léo.

Grand-Père Moïse sourit.

– Oui, approuva-t-il, mais ce n'est pas tout. Comme chaque personne qui voit une étoile filante a le droit de faire un vœu, des étoiles brillent toujours dans le ciel.

Grand-Père serra ses petits-enfants bien fort contre lui.

– Moi aussi, je voudrais faire un vœu et faire apparaître une étoile, déclara Léo. Mais comment envoyer mon vœu vers le ciel ?

– Avec un nuage de vapeur de notre potion, par exemple, proposa Moïse. Il ira sûrement jusqu'au ciel. Qui veut encore un verre de potion magique ?

Léo et Léa lui tendirent aussitôt leurs gobelets et il les remplit.

– Pendant que nous boirons, nous enverrons nos vœux et nos histoires au ciel afin qu'ils se transforment en étoiles, reprit Moïse.

Il était une fois…

8. Les trois petits cochons de Noël

Maman cochon déclara un jour à ses trois petits cochons :
— Mes chéris, je vous ai nourris jusqu'à ce que vous soyez devenus grands et forts. Maintenant, le jour est venu de construire vous-même votre maison. Je viendrai vous voir à Noël.

Les trois petits cochons acceptèrent aussitôt. Après avoir embrassé leur mère, ils partirent joyeusement dans le vaste monde.

Alors qu'ils longeaient un champ, le premier petit cochon parla :
— Je vais me construire une maison en paille. Ainsi, j'aurai vite fini et je pourrai tout de suite recommencer à manger et à jouer !

Il assembla donc de la paille pour construire une maison et suspendit une pièce de tissu devant l'entrée en se disant que c'était bien assez. Cela fait, il s'allongea sur le sol et s'endormit.

Le deuxième petit cochon parla à son tour :
— Je vais me construire une maison en bois. J'aurai vite fini et je pourrai tout de suite recommencer à manger et à jouer !

Il assembla des planches de bois pour construire une maison et se confectionna un lit de feuilles sèches sur lequel il s'allongea et s'endormit.

Le troisième petit cochon regarda un bon moment autour de lui avant de parler à son tour :
— Je vais me construire une maison en briques avec des murs épais et une porte solide. Cela me demandera beaucoup de travail et je ne pourrai pas jouer avant un bout de temps, mais quand j'aurai fini, je serai confortablement installé !

Il rassembla donc briques, planches et outils, maçonna, scia et tailla toute la journée. Le soir, il rentra dans sa maison, verrouilla la porte et se blottit tout heureux dans son grand lit douillet.

Au beau milieu de la nuit, le loup rôdait dans la forêt. Affamé, il humait l'air à la recherche de nourriture.

– Miam ! s'écria-t-il tout à coup. Ça sent bon le petit cochon !
Un instant plus tard, il arriva devant la maison en paille.
– Bonjour, petit cochon ! lança-t-il. Ouvre-moi donc !
Le petit cochon s'éveilla, le cœur battant.
– Non, non, non ! couina-t-il, affolé. Tu n'entreras pas !
– Oh que si ! gronda le loup sur un ton menaçant. Puisque c'est comme ça, je vais souffler jusqu'à ce que ta maison s'envole !

Il souffla de toutes ses forces et la maison en paille s'envola.

Lorsqu'il voulut se jeter sur le petit cochon, celui-ci avait disparu. Il s'était sauvé et il avait couru se réfugier chez son frère.

Mais le grand méchant loup avait retrouvé sa trace et, un instant plus tard, il arriva devant la maison en bois.

– Bonjour, petit cochon ! lança-t-il. Ouvre-moi donc !

Terrifiés, les deux petits cochons se serraient l'un contre l'autre à l'intérieur de la maison.

– Non, non, non ! couinèrent-ils. Tu n'entreras pas !
– Oh que si ! gronda le grand méchant loup sur un ton encore plus menaçant. Puisque c'est comme ça, je vais souffler et pousser jusqu'à ce que la maison se disloque !

Il souffla, poussa de toutes ses forces, et réduisit la maison à un tas de planches.

Lorsqu'il voulut se jeter sur les deux petits cochons, ils avaient disparu. Ils s'étaient sauvés et ils avaient couru se réfugier chez leur frère.

Mais le grand méchant loup les suivit jusqu'à la maison en briques, car son estomac criait famine.

– Bonjour, petit cochon ! lança-t-il. Ouvre-moi donc !
– Non, non, non ! Tu n'entreras pas ! répondit le troisième petit cochon, qui serrait ses deux frères tout tremblants contre lui.
– C'est ce qu'on va voir ! gronda le loup. Je vais souffler, pousser et secouer ta maison jusqu'à ce qu'elle s'effondre !

Il souffla, poussa et secoua de toutes ses forces, mais la solide maison en briques tint bon.

Alors, furieux, le loup gonfla ses poumons, souffla de plus en plus fort et… éclata.

Quand ils virent cela, les trois petits cochons dansèrent de joie :
– Ouf! On peut enfin respirer! Le loup a éclaté! chantaient-ils.

Et ils s'endormirent paisiblement dans la maison en briques.

Le lendemain, les deux premiers petits cochons construisirent deux nouvelles maisons qui n'étaient ni en paille, ni en bois, mais en briques bien solides avec une porte massive.

Quand Maman cochon vint voir ses enfants à Noël, elle trouva leurs trois maisons si jolies qu'elle resta chez eux!

9. L'écharpe de Martin

Novembre était le mois préféré de Martin, car c'était celui de son anniversaire, le jour de la Saint-Martin. L'après-midi, il mangeait de délicieux petits gâteaux et il recevait ses cadeaux ; le soir, il chantait avec Maman à la procession des lanternes sur la place du marché.

Cette année-là, pourtant, Martin annonça à sa mère :
– Maintenant, je suis assez grand pour aller là-bas tout seul.
Maman réfléchit un instant, puis hocha la tête.
– Très bien, dit-elle. Si tu crois que tu peux y aller, je le crois aussi.
Martin passa son anorak et enroula autour de son cou son écharpe préférée à rayures multicolores. Maman n'aimait pas cette écharpe.
– Pouah ! cria-t-elle comme d'habitude. Ce vieux chiffon velu est bon pour la collecte des vieux vêtements !
Mais elle donna un peu d'argent à Martin pour qu'il puisse s'acheter un chocolat chaud et un beignet.
Martin alluma sa lanterne et partit vers la place du marché. Ce soir-là, aucune voiture n'y passait car la circulation était bloquée dans le centre de la ville pour le passage de la procession. Des enfants et des adultes affluaient de tous côtés avec des lanternes.
Tout le monde se réjouissait de cette fête des lumières et personne ne remarquait le mendiant recroquevillé dans le porche de l'église.
Martin s'arrêta devant lui, perplexe. Était-ce l'un des comédiens qui devaient jouer ce soir-là une pièce sur saint Martin ? Mais dans ce cas, cet homme serait sur la scène et non ici, dans ce recoin sombre. Et il porterait sûrement des vêtements plus chauds.
Martin remarqua que le mendiant frissonnait de froid. Pris de pitié, il s'approcha de lui. Il aurait bien voulu l'aider, mais comment ? Il ne pouvait quand même pas donner la moitié de son anorak comme saint Martin l'avait fait avec son manteau !
Quand la chaude lumière de la lanterne tomba sur son visage, le mendiant leva les yeux, surpris. Il montra la lanterne avec un sourire et prononça quelques mots dans

une langue étrangère. Martin lui rendit son sourire et réfléchit en soupesant l'argent qu'il avait en poche. Devait-il le donner au mendiant ou inviter celui-ci à boire un chocolat chaud ? Mais cet homme avait surtout besoin de bottes fourrées, d'une veste ou d'une écharpe bien chaude…

Soudain, Martin sut exactement ce qu'il pouvait faire pour lui. Oui, c'était une brillante idée !

– Venez avec moi ! dit-il au mendiant. Suivez-moi, s'il vous plaît !

Le mendiant regardait Martin avec étonnement. Il se leva, tira les manches de sa veste trop mince pour couvrir ses mains et suivit la lanterne qui se balançait devant lui.

Martin mena le mendiant à une porte illuminée derrière l'église. C'était le magasin de collecte des vieux vêtements de l'église dans lequel sa grand-mère venait travailler de temps en temps. Il était déjà venu la voir là-bas.

Martin entra et posa quelques pièces de monnaie sur le comptoir.

– S'il vous plaît, pourrais-je avoir pour ce prix des bottes fourrées ou une veste bien chaude pour un homme ? demanda-t-il.

La dame qui était au comptoir regarda Martin, sa lanterne et le mendiant, puis se mit à rire.

– Mais oui, Saint Martin ! répondit-elle. Nous trouverons bien quelque chose.

Elle servit au mendiant un verre de thé brûlant et le fit asseoir devant le poêle. Un instant plus tard, elle lui apporta une paire de chaussettes en laine, des sous-vêtements chauds, des bottes fourrées, une chemise, un pull, un pardessus, un bonnet en laine et des gants.

– Quoi ? Tous ces vêtements pour si peu d'argent ? s'étonna Martin.

La dame acquiesça.

– Oui, beaucoup de personnes sont assez gentilles pour nous donner de l'argent ou des vêtements dont elles n'ont plus besoin, expliqua-t-elle. Nous les gardons pour les pauvres.

Elle montra au mendiant une petite pièce où il pouvait faire sa toilette et se changer. Quand il revint, il était chaudement vêtu et ses joues avaient repris des couleurs. Rayonnant de joie, il serra la main de la dame, puis se pencha vers Martin pour le remercier.

– Ah, mais il manque encore quelque chose… déclara Martin, et il enroula soigneusement autour du cou de l'homme son écharpe multicolore.

Il ralluma ensuite sa lanterne, salua joyeusement le mendiant de la main et courut rejoindre les autres enfants sur la place du marché. Il se sentait merveilleusement bien et comme réchauffé de l'intérieur alors qu'il n'avait plus d'écharpe et pas encore bu de chocolat chaud.

10. La fille des neiges

Il était une fois une vieille femme et un vieil homme nommés Maria et Ivan, qui habitaient une petite ferme à la lisière d'une forêt. Ils vivaient en paix, contents de leur sort, bien que leur vœu le plus cher ne se fût pas réalisé : ils n'avaient pas eu d'enfant.

Il neigeait à gros flocons en ce jour d'hiver. Les enfants du village gambadaient si gaiement en se lançant des boules de neige que Maria et Ivan furent gagnés par leur joyeuse humeur.

– Nous allons faire une petite fille des neiges dans le jardin ! s'exclamèrent-ils, car tel est l'usage en Russie.

Les deux vieux passèrent leurs vestes matelassées, leurs bottes et se mirent au travail. Ils firent une boule de neige pour la tête, deux autres pour la poitrine et le ventre, et quatre rouleaux pour les bras et les jambes.

– C'est vraiment une toute petite fille des neiges, grommela Ivan, mais Maria éclata de rire.

– Ce sera notre petite fille, une gentille petite Snegourotchka ! dit-elle.

Les deux vieux modelèrent avec le plus grand soin les yeux, les joues et le nez de la fille des neiges. Quand Ivan dessina la bouche, un souffle tiède effleura son visage. Effrayé, il recula.

Un instant plus tard, la fille des neiges ouvrait ses yeux bleus comme la glace. Soudain, la neige se fissura comme une coquille d'œuf et une ravissante petite fille en sortit.

Les deux vieux contemplaient avec stupeur ce prodige et se ressaisirent seulement à la vue de la fillette frissonnante de froid.

– Notre Snegourotchka grelotte ! Il faut la réchauffer ! s'écria Ivan, et il l'emporta dans la maison. Le cœur battant, Maria les suivit et se hâta de rassembler des vêtements chauds pour en couvrir l'enfant.

Mais la fillette ne voulait pas de vêtements chauds. Elle accepta seulement qu'on lui passe un sarrau à fleurs en coton. Elle se promena ensuite dans la maison, nu-pieds et les yeux grand ouverts, en montrant les objets. Maria et Ivan la suivaient et nommaient les objets un à un. Le soir venu, elle savait déjà parler.

Les semaines et les mois passèrent dans l'étonnement et le bonheur. La fille des neiges grandissait à une vitesse surprenante, et elle était jolie, sage, raisonnable et intelligente comme seuls peuvent l'être les enfants des contes de fées.

Maria et Ivan débordaient de joie et ne se lassaient pas de choyer leur petite fille. Maria lui cousait et lui tricotait des robes de toutes les couleurs et Ivan lui sculptait des jouets en bois. Les enfants du village étaient aussi émerveillés qu'eux devant Snegourotchka. Ils se battaient même parfois pour être les premiers à jouer avec elle. Quand cela arrivait, la fille des neiges les regardait de ses grands yeux bleus, hochait la tête avec un rire léger et ils se réconciliaient aussitôt.

Mais la meilleure amie de Snegourotchka était la chienne Soutchka. Cette chienne, qui autrefois gardait la ferme et mordait férocement les mollets des inconnus, suivait désormais la fille des neiges comme son ombre. Dès le premier jour, elles avaient mangé, joué et dormi ensemble dans la chambre glaciale de Snegourotchka où, sur sa demande, la fenêtre était toujours ouverte.

Maria et Ivan se réjouissaient de cette amitié car ils savaient qu'avec Soutchka, leur petite fille était sous bonne garde.

Et le printemps arriva.

On ne le remarqua pas avant un certain temps dans la petite ferme, qui restait plongée dans l'ombre de grands arbres. Mais plus les oiseaux gazouillaient, plus les fleurs s'épanouissaient, plus Snegourotchka devenait silencieuse.

– Va donc au soleil, ma chérie ! Il fait si beau ! lui dit Maria.

Mais Snegourotchka refusa pour la première fois de lui obéir et persista à jouer avec Soutchka dans l'ombre de la maison.

Un jour, les enfants du village vinrent la voir dans leurs habits du dimanche, avec des fleurs dans les cheveux.

– Aujourd'hui, c'est la fête du printemps et Snegourotchka doit la célébrer avec nous ! annoncèrent-ils. Viens avec nous, fille des neiges !

Snegourotchka y consentit. Elle serra Maria et Ivan dans ses bras avant de s'éloigner avec les enfants et Soutchka vers le pré du village où se déroulait la fête.

Là-bas, on dansait et on mangeait de bonnes choses. Le soir venu, on alluma le feu de printemps.

– Viens, Snegourotchka, on va sauter par-dessus les flammes ! crièrent les enfants. Ça porte chance !

Main dans la main, les enfants et la fille des neiges s'élancèrent et sautèrent par-dessus les flammes avec des cris de joie. Mais lorsqu'ils atterrirent de l'autre côté du feu, la fille des neiges avait disparu.

Échauffée par les danses, les jeux et le feu, Snegourotchka avait fondu et elle était montée vers le ciel comme un souffle léger.

Elle habite désormais là-bas dans un nuage, en attendant le jour où elle pourra redescendre sur terre avec ses frères et sœurs les flocons de neige.

Car si quelqu'un en fait le vœu le moment venu, Snegourotchka redeviendra peut-être une fille des neiges.

11. Les petits pains d'épices de Nana

— Demain après-midi, je n'irai pas au bureau, annonça Maman au dîner. Comme ça, nous pourrons préparer les décorations en pain d'épices pour le sapin de Noël. Je vais faire la pâte aujourd'hui : il faut la laisser reposer au frais jusqu'à demain.

— Ah, enfin ! se réjouirent les jumeaux Lucie et Lucas, car ils adoraient étaler et découper la pâte.

— Nana veut aussi faire des gâteaux ! cria la petite Anna, qui venait d'entrer au jardin d'enfants.

— Bien sûr, tu pourras nous aider un peu, lui dit Maman.

Quand Lucie et Lucas eurent fini leurs devoirs le lendemain après-midi, tout le monde se mit au travail. Maman envoya les enfants se laver les mains, puis leur noua un tablier autour de la taille.

— Nana aussi ! cria Anna.

Et pour avoir la paix, Maman lui passa aussi un tablier. Nana se précipita alors vers le réfrigérateur, l'ouvrit, en sortit une grosse boule de pâte brune et caressa tendrement la feuille transparente dans laquelle elle était enveloppée.

— Bonjour, ma pâte d'épices chérie ! Tu as bien dormi ? demanda-t-elle.

Lucie et Lucas éclatèrent de rire.

Maman montra aux deux aînés comment saupoudrer le plan de travail de farine et y étaler la pâte.

Nana plongea la main dans le sac de farine et en jeta une poignée en l'air.

— Il neige ! Il neige ! s'exclama-t-elle.

— Arrête, Nana ! criaient Lucie et Lucas en toussant pendant qu'Anna dessinait des ronds dans la farine sur le sol nettoyé le jour-même.

Maman la gronda. Quand la pâte fut étalée, Anna s'inséra entre son frère et sa sœur pour la découper avec eux.

— Nana veut aussi ! proclama-t-elle.

— Calme-toi un peu, Nana ! ordonna Maman. Regarde plutôt comment on fait : puisqu'on va accrocher les cœurs et les étoiles en pain d'épices aux branches du sapin, il faut les découper soigneusement, et c'est encore trop difficile pour toi.

Nana hocha la tête et observa pendant un moment Lucie et Lucas, qui découpaient la pâte en forme de cœurs et d'étoiles. Maman déposait ensuite les biscuits sur une plaque beurrée.

Pendant qu'ils remplissaient une nouvelle plaque, Maman vit Nana planter son petit index dans des cœurs et des étoiles pour y creuser des trous.

– Ça suffit, Nana ! s'indigna-t-elle. On ne joue pas avec la nourriture ! Va t'amuser avec la cuisine de tes poupées ou avec d'autres jouets et laisse-nous travailler en paix !

Comme elle s'était retournée vers Lucie et Lucas, elle ne vit pas Anna prendre un morceau de pâte sur la table et sortir toute contente de la cuisine.

Après avoir préparé deux nouvelles plaques, Maman leva soudain les yeux, inquiète.

– Où est Nana ? demanda-t-elle. Tout est d'un calme anormal…

Anna entra à l'instant même dans la cuisine en portant fièrement le couvercle de son coffre à jouets sur lequel s'alignaient des biscuits de pain d'épices aux formes plutôt insolites.

– Les pains d'épices de Nana ! annonça-t-elle, et elle montra ce qu'elle avait découpé avec les couteaux en plastique de sa dînette : bateau, voiture, poupée, nuage, baleine !

– Bravo Nana, c'est très réussi ! s'extasia Lucie.

– C'est la baleine que je préfère, déclara Lucas. Maintenant, je vais faire du pain d'épices comme Nana !

Il prit les étoiles posées sur la plaque devant lui et, avant que Maman ait eu le temps de protester, il en fit une boule.

– Lucie aussi ! cria la grande sœur en faisant une boule avec les cœurs.

– Et la décoration traditionnelle de notre sapin ? demanda Maman, désemparée.

– Il sera bien plus beau et bien plus amusant, on n'y accrochera plus que les pains d'épices de Nana ! répondirent Lucie et Lucas.

Et il en fut désormais ainsi à chaque Noël.

12. Tom et la crèche

Tom était grand, Tom était fort, mais Tom n'était pas précisément l'élève le plus sage de sa classe. Quand tous les enfants criaient, c'était lui qui criait le plus fort. Et chaque fois qu'il y avait de la bagarre, Tom en était.

Certains enfants de sa classe avaient même un peu peur de lui.

Le premier jour de l'Avent, la maîtresse apporta en classe une surprise : le berceau d'une crèche de Noël !

Il ressemblait exactement à celui dans lequel le petit Jésus avait été couché.

La maîtresse posa à côté de la crèche un sac en jute rempli de foin odorant.

– Ce sera notre nouveau calendrier de l'Avent, expliqua-t-elle aux enfants. Chaque jour, au lieu d'offrir un chocolat à un enfant de la classe, nous réfléchirons tous ensemble pour décider lequel d'entre vous aura fait plaisir aux autres ou les aura aidés, et cet enfant aura le droit de déposer une poignée de foin dans le berceau. Plus vous serez gentils les uns avec les autres, plus le lit du petit Jésus sera moelleux la nuit de Noël.

Cette idée agaça Tom.

– Quelle idiotie ! pensa-t-il. Je sais déjà que personne ne me choisira.

Il aurait préféré du chocolat de l'Avent, car il savait qu'il en aurait eu tôt ou tard.

Tom avait raison. Chaque jour avant la sortie des classes, les enfants s'asseyaient devant le berceau pour décider qui aurait le droit de déposer une poignée de foin dedans. Nora avait partagé son goûter et Lena avait fait un dessin pour Susan, qui était malade. Peter avait ramassé des déchets dans la cour et Vincent avait arrosé les plantes, et ainsi de suite. Bientôt, tous les enfants de la classe eurent déposé au moins une fois du foin dans le berceau. Tous sauf Tom.

Un jour, pourtant, la petite Lilly se leva pour prendre la parole.

– C'est Tom qui devrait déposer du foin aujourd'hui, déclara-t-elle. J'ai renversé sa trousse sans le faire exprès, mais il ne s'est pas fâché et j'ai trouvé que c'était très gentil.

Tom la dévisagea, stupéfait. C'était vrai : Lilly avait fait tomber sa trousse de la table et tous les stylos avaient roulé à terre. Sur le moment, il avait été furieux, mais quand il avait remarqué combien Lilly était gênée, il s'était calmé.

Rouge comme une tomate, Tom plongea la main dans le sac en jute pour y prendre une poignée de foin. Le foin craquait sous ses doigts et sentait merveilleusement l'été. Il le disposa avec soin dans le berceau. Le lit du petit Jésus était maintenant un peu plus douillet…

Deux jours plus tard, Lilly proposa à nouveau devant toute la classe :

– C'est Tom qui devrait déposer du foin aujourd'hui, dit-elle. Nora et moi devions jeter les papiers de la classe, mais c'est lui qui a descendu la caisse, qui était très lourde.

– Oui, c'était vraiment gentil de nous aider, ajouta Nora.

Tom se sentit très embarrassé, car il n'avait pas l'habitude qu'on dise du bien de lui, mais il était tout joyeux quand il déposa sa deuxième poignée de foin dans le berceau.

Et ce ne fut pas la dernière, car désormais il recevait des compliments et des sourires au lieu d'être grondé.

Quand il était en colère, il lui suffisait de penser au foin de la crèche pour sentir sa fureur s'envoler.

La veille de Noël, alors que les enfants allaient s'engouffrer dans leur classe, ils remarquèrent qu'elle était plongée dans l'obscurité. Déconcertés, ils entrèrent tout doucement.

Au milieu de la salle brûlaient des bougies disposées en cercle. Au centre de ce cercle trônait le berceau rempli de foin et recouvert d'un tissu blanc vaporeux, si fin et si léger qu'il semblait tombé du ciel !

– Cette année, notre Avent a été encore plus beau que d'habitude, dit la maîtresse avec un sourire. Si le petit Jésus reposait dans notre crèche, il aurait grâce à vous un petit lit bien moelleux et bien chaud. Merci, les enfants !

Ils entonnèrent ensuite un chant de Noël et Tom chanta à pleins poumons. Au moment de sortir, il déroba une petite poignée de foin qu'il fourra dans sa poche.

Juste en souvenir…

13. L'esprit de Noël

Les deux petits lutins se serraient contre leur grand-père devant le feu, en attendant que la merveilleuse potion soit prête. Son goût n'était jamais le même parce qu'ils y ajoutaient toujours de nouveaux ingrédients.

Pendant une promenade en forêt la veille au soir, Léo et Léa avaient trouvé des épluchures d'orange et de pomme jetées par les grandes créatures. Grand-Père Moïse les avait bien brossées pour les nettoyer, découpées en petits morceaux et jetées dans la potion brûlante.

Ils avaient ce soir un invité : Sino, le voisin de Moïse, était passé chez lui pour lui emprunter sa grande scie.

– Mmmh, votre potion sent bon Noël ! s'était-il extasié.

– Ah, tu trouves ? répondit Moïse en humant la potion. Pour moi, Noël sent les branches de sapin fraîchement coupées.

Léa tira sur la manche de sa veste.

– Grand-Père, qu'est-ce que c'est, Noël ? demanda-t-elle.

– Ah, ma petite fille, c'est une grande fête d'hiver pendant laquelle on reçoit une foule de cadeaux et on mange des friandises, répondit Sino. On jette plein de choses quand la fête est finie, ce qui est un bienfait pour nous autres lutins, car nous récupérons ce dont nous avons bien besoin.

– Ooooh, excusez-moi, dit Grand-Père Moïse en prenant ses petits-enfants dans ses bras, je ne vous ai pas encore tout expliqué à propos de Noël. Alors voilà…

Les deux petits lutins et le bébé chouette tendirent l'oreille tandis que Grand-Père Moïse parlait de Noël en prenant un air mystérieux.

– Sino a raison, dit-il. Noël est une fête, mais ce n'est pas seulement ce qu'on peut respirer ou manger. C'est aussi ce qu'on ressent de tout son cœur. La nuit de Noël est un moment à la fois solennel et sacré, comme la naissance d'un enfant longtemps désiré, qui vient au monde en bonne santé : cela vous réjouit et vous réchauffe le cœur comme si on avait allumé une bougie à l'intérieur. C'est pour cette raison que tant de grandes créatures célèbrent Noël.

L'histoire de l'enfant Jésus, je vous la raconterai plus tard, mais le jour où vous êtes venus au monde a été pour vos parents et vos grands-parents un moment solennel et sacré comme la nuit de Noël.

Léa hocha la tête avec enthousiasme.

– Moi aussi, j'ai eu comme une nuit de Noël quand Papa est revenu d'un long voyage, dit-elle. Il était parti très longtemps et j'avais peur qu'il lui arrive un malheur en route, mais tout s'est bien passé et il est revenu. Quand il est rentré en pleine nuit, j'étais si heureuse que j'ai cru que mon cœur allait sauter de mon ventre.

– Ma nuit de Noël à moi, ça a été quand mon ami Timo et moi avons réussi notre examen de lutin garde forestier, déclara Léo. Nous avions beaucoup travaillé, mais nous avions quand même peur de le rater. Certaines matières étaient vraiment difficiles et beaucoup de ceux qui passaient l'examen étaient bien plus vieux que nous, mais nous l'avons quand même réussi. Nous avons fêté notre réussite avec Papa, Maman et nos amis et ça a été une vraie nuit de Noël.

– Bravo : vous avez tous deux compris ce qu'est une nuit de Noël, se réjouit le grand-père, et Sino acquiesça.

– Est-ce que je pourrais avoir encore un peu de potion magique ? demanda Léa en tendant son verre à Moïse. C'est pour un vœu très important : je voudrais que Maman Mona ait deux gentils bébés en bonne santé.

– Ah oui, c'est vrai : vous allez bientôt avoir des petits frères ou des petites sœurs, dit le vieux Sino en riant. Que préféreriez-vous ? Deux garçons, deux filles ou un petit couple comme vous ?

– Pourquoi, on peut choisir ? demanda Léo, les yeux brillants. Alors, je préférerais un petit renard ou une jolie chouette duveteuse pour voyager sur leur dos…

– Non, ça, c'est impossible, Léo, intervint son grand-père. Ce sont des bébés lutins qui grandissent dans le ventre de ta maman, mais rien ne t'empêche de devenir l'ami d'un renard ou d'une chouette. On peut tout souhaiter, mais on ne peut pas tout avoir – pas immédiatement, en tout cas. Vous avez déjà compris qu'il faut savoir attendre : c'est seulement ainsi qu'un vœu se réalise. Mais il arrive aussi de voir se réaliser quelque chose dont on ne veut plus ensuite. Maintenant, faisons un vœu, et nous verrons bien. Attention… prêts… faites vos vœux !

Les quatre lutins regardèrent la vapeur de leur potion monter vers le ciel et cherchèrent des yeux les nouvelles étoiles.

14. Julien et la petite souris

– Brrr ! Il gèle, ce soir ! déclara Maman avec un frisson, la tête rentrée entre les épaules. Un chocolat chaud serait bienvenu. Qui en veut avec quelques biscuits ?

– Moi ! Moi ! s'exclamèrent Papa et Julien, et Maman entra dans la pièce qui servait de garde-manger.

– Hiiii ! hurla-t-elle un instant plus tard.

Papa et Julien sursautèrent.

– Que se passe-t-il ? demandèrent-ils.

Quand ils regardèrent à leur tour dans le garde-manger, ils virent une minuscule queue de souris qui dépassait sous une étagère.

– Mais c'est juste une souris ! fit Julien déconcerté.

– Je ne veux pas de souris ici ! s'exclama Maman. Elle a même rongé le saucisson. Il faut poser un piège !

Papa la prit dans ses bras et acquiesça.

– D'accord, j'en achèterai un demain, dit-il.

– Non ! s'écria Julien consterné. Je t'en prie, Papa, ne fais pas de mal à la pauvre petite souris !

– Je suis désolé, mais on ne peut pas faire autrement, expliqua Papa. Les souris font plein de petits. Si nous n'attrapons pas celle-là, la maison grouillera bientôt de souris.

Julien touillait tristement son chocolat chaud. Il ne trouvait même plus aucun goût aux biscuits.

Peut-être que Papa a raison, pensait-il. Mais la souris lui faisait pitié. Elle ne pouvait pas savoir que la nourriture du garde-manger appartenait à la famille. Peut-être fallait-il accrocher au garde-manger une pancarte « Défense de manger »… mais les souris ne savent pas lire. Ou alors… mais oui ! Julien se sentit soudain réconforté, car il venait d'avoir une idée. Mais cette idée devait à tout prix rester un secret !

Le lendemain, Papa rapporta à la maison deux pièges à souris qu'il garnit de morceaux de lard et installa dans le garde-manger. Julien l'observait avec inquiétude.

– Tu crois que la souris viendra chercher le lard tout de suite ? demanda-t-il à son père.

– Non, répondit Papa. Elle attendra probablement la nuit pour sortir de son trou.

Ce soir-là, Julien alla souvent au garde-manger, une fois pour prendre une pomme, une autre fois pour prendre la nourriture du chien Bobo et une autre fois encore pour balayer. Le silence se fit enfin dans la maison. Maman et Papa étaient couchés et Julien était le seul à demeurer éveillé dans sa chambre. Il savait qu'il devait se dépêcher !

Un instant plus tard, il se glissa dans le garde-manger sur la pointe des pieds.

Il poussa un soupir de soulagement : les pièges étaient intacts !

Julien ouvrit une boîte. J'espère que la souris préfère les biscuits au lard ! se dit-il.

Il sema des miettes de biscuit dans le garde-manger, dans le couloir, entrouvrit la porte de derrière et déposa le reste des biscuits dehors sur le paillasson. Il passa ensuite les chaussettes en laine de Maman, le manteau de Papa et s'accroupit dans le couloir pour attendre la souris…

… et elle arriva ! Julien vit à la lueur de la lune un museau pointu. La souris dévora les miettes une à une, les moustaches frémissantes. C'était vraiment délicieux, mais elle avait encore faim. Peut-être le lard était-il encore meilleur ? Elle se retourna et resta un instant immobile, mais non : il restait dehors un gros morceau de biscuit !

Quand la souris se glissa sur le paillasson, Julien referma doucement la porte.

– Hourra ! J'ai réussi ! pensa-t-il tout heureux en regagnant son lit tiède. Mais la souris n'aurait-elle pas froid dehors ? Non, elle pouvait toujours se réfugier dans la niche de Bobo ou dans l'écurie du voisin.

Julien s'endormit le sourire aux lèvres.

– C'est curieux, commenta Papa quelques jours plus tard, j'ai acheté deux autres pièges, mais on ne voit plus de souris dans le garde-manger. Où est-elle passée ?

– Aucune idée ! déclara Julien avec un petit sourire.

Il sortit et s'éloigna en tapant des pieds dans la neige pour aller déposer un bout de fromage derrière la niche de Bobo.

15. Un nouveau lit pour Papa Ours

Par un jour orageux d'automne, Papa Ours avait invité chez lui Lello le lapin.

Ils voulaient bavarder en buvant du thé de feuilles de framboisier et en grignotant des biscuits aux noisettes avant que l'ours entre en hibernation.

– Novembre, décembre, janvier, février, mars, calculait Lello. Cinq mois ! Je ne pourrais jamais rester couché aussi longtemps. À quoi ressemble ton lit, au fait ?

– Oh, il est là-bas, tout au fond, prêt pour l'hiver, grommela l'ours. Dès qu'il neige, je reste chez moi.

Et il laissa Lello inspecter sa chambre.

– Quoi ! s'exclama le lapin atterré. Tu veux dormir sur cette paillasse ? Tu plaisantes ?

– Euh… mais non, bafouilla l'ours gêné. Bon, ce n'est pas très présentable, mais c'est très confortable.

– Quelles bêtises ! trancha Lello. On ne peut pas se reposer comme il faut là-dessus. Il faut absolument que tu cherches un nouveau lit !

Cette nuit-là, de fait, Papa Ours dormit mal. La paille lui piquait les fesses, le vieux cadre du lit grinçait, des mouches bourdonnaient dans ses oreilles et ça sentait plutôt… enfin… c'était curieux comme il remarquait tout ça seulement maintenant !

Demain matin, je chercherai un nouveau lit, résolut-il. On ne peut pas se reposer comme il faut sur cette paillasse.

Le lendemain, après son petit déjeuner, Papa Ours se mit en route.

Alors qu'il arrivait devant une mare de boue, il vit Sandor le sanglier qui se roulait dedans avec délices.

– Qu'est-ce que tu regardes comme ça ? lança le sanglier de mauvaise humeur.

– Excuse-moi, mais je cherche un nouveau lit, alors j'aimerais bien savoir où tu dors.

– Eh bien, ici, dans ce lit de boue, répondit fièrement le sanglier. Tu as envie de l'essayer ?

– Avec plaisir, grommela l'ours, et il se coucha dans la boue à côté de Sandor.

Le lit du sanglier ne plaisait pas du tout à Papa Ours : la boue faisait des bruits de ventouse et elle était froide et gluante. Quand Papa Ours se releva, il était couvert de boue de la tête aux pieds.

– C'est merveilleux, non ? lança Sandor, ravi. Mais le mieux, ce sont les herbes odoriférantes qui poussent au pied de mon lit, car elles chassent les mouches. Tu n'as qu'à en cueillir quelques-unes.

– Merci, gronda Papa Ours.

Il arracha une poignée d'herbes et s'éloigna en vitesse.

– Quelle saleté de boue ! pesta-t-il quand le sanglier ne put plus l'entendre, et il essaya de s'en débarrasser avec ses pattes. Comme il n'y arrivait pas, il se dirigea vers l'étang, où il rencontra Berta la grenouille qui prenait son petit déjeuner.

– Bonjour, Papa Ours ! coassa Berta. Te voilà de bien bonne heure par les chemins !

– Oui, j'ai besoin d'un nouveau lit pour l'hiver, expliqua Papa Ours.

– Oh, vraiment ? Alors viens voir le mien ! s'exclama joyeusement Berta.

Papa Ours entra dans l'étang et suivit Berta entre les roseaux.

– Mon lit est ici, expliqua-t-elle. Allonge-toi, respire profondément et laisse-toi couler tout doucement vers le fond. On y dort merveilleusement bien. Regarde, comme ça…

– C'est merveilleux, glou-glou, mais ce n'est pas du tout, glou-glou, ce qu'il me faut, glouglouta Papa Ours.

Il se releva et sortit de l'eau.

– C'est une chance que j'aie mangé autant de lard, se disait-il en poursuivant son chemin. Sinon, je me serais enrhumé dans cette eau froide, mais au moins, je suis redevenu propre !

Avec un bâillement, il s'éloigna vers le village, où il découvrit, perché sur une vieille cheminée, le plus grand nid qu'il avait jamais vu. Un grand oiseau noir et blanc se tenait dedans et claquait du bec.

– Bonjour, le salua l'ours. Y a-t-il des œufs là-haut ?

– Non, mes enfants se sont envolés depuis longtemps, répondit Sigi la cigogne. Et moi, je m'en vais demain. Ce nid ne me servira donc plus !

– J'ai justement besoin d'un nouveau lit, confia l'ours. Je peux regarder ton nid de plus près ?

– Bien sûr, monte donc, caqueta Sigi.

Papa Ours escalada le toit en suant et en soufflant, puis il s'installa dans le nid.

C'était un joli petit lit doux et moelleux, mais la tanière de Papa Ours lui manquait. Ici, c'était le palais des courants d'air, comme il le fit remarquer à la cigogne.

– C'est vrai, reconnut-elle. C'est pour ça que je pars pour le sud au début de chaque hiver. Mais j'ai encore des plumes bien chaudes dans mon nid. Tu les veux ?

– Oui, merci, répondit Papa Ours.

Il prit les plumes, descendit avec précaution du toit et regagna sa tanière.

Il se sentit soudain épuisé et il voulut se coucher aussitôt, bien qu'il fût seulement midi. Mais où ? Sur sa paillasse infestée de mouches ? Il réfléchit un instant, plongea les pattes dans la paille, forma un beau nid bien rond qu'il rembourra des plumes de Sigi. Il posa les herbes de Sandor à côté de lui dans un vase. Il regarda avec satisfaction les mouches s'enfuir, s'allongea et respira à fond comme Berta le lui avait montré.

Alors, tandis que les premiers flocons de neige descendaient du ciel en dansant et recouvraient la terre, Papa Ours s'endormit dans son petit lit douillet et se mit à ronfler… comme un sanglier ? Comme une grenouille ? Comme une cigogne ?

Non, comme un ours !

16. Le cristal magique

Sur une montagne non loin d'ici vivait le nain Pico. Il était bon et aimable, mais laid et bossu. Il avait honte de son apparence, même s'il n'y pouvait rien. Il vivait donc seul dans une grotte dont il ne sortait que la nuit. La seule personne à venir le voir de temps en temps était un vilain vieux troll velu qui reniflait si longuement et si avidement le fumet des plats qui mijotaient sur le feu que le brave nain lui préparait toujours à dîner. Dès que le troll avait fini, il repoussait son assiette et partait sans un remerciement.

Par une nuit de pleine lune en hiver, Pico était sorti ramasser du bois quand il entendit une musique étrange. Un instant plus tard, il vit de minuscules étoiles de toutes les couleurs qui dansaient devant une fissure dans la paroi montagneuse. Quand il s'approcha d'elles, il découvrit que c'étaient de petits hommes en cristal qui virevoltaient en chantant :

> *Le cristal magique scintille et étincelle*
> *Il brille et rayonne comme…*

Ces dernières paroles étaient toujours suivies d'un silence. Les petits hommes se regardaient alors, visiblement perplexes, puis recommençaient à chanter.

Pico trouvait dommage que cette jolie chanson resta inachevée. Il la reprit donc en chœur avec les petits hommes et compléta la rime :

> *Le cristal magique scintille et étincelle*
> *Il brille et rayonne comme l'étoile dans le ciel*

Il se retrouva immédiatement entouré des petits hommes de cristal, qui exultaient.

— Comme c'est beau ! criaient-ils avec ravissement. Tu es un vrai poète ! Un chanteur ! Viens avec nous chez le roi de cristal !

Ils le prirent par les mains et le menèrent à la fissure. C'était un passage qui descendait dans les profondeurs de la montagne. Il les suivit et déboucha dans une gigantesque grotte remplie de cristaux.

Au centre de cette grotte, un cristal géant brillait de toutes les couleurs de l'arc-en-ciel.

Quand le roi apparut, Pico voulut cacher son visage, mais les petits hommes de cristal ne lui en laissèrent pas le temps.

– S'il te plaît, raconte-nous une histoire ! le supplièrent-ils en tirant sur ses vêtements. Nous pouvons extraire des cristaux de la montagne, mais nous ne savons pas composer de poèmes et de contes comme toi. Et l'hiver est si long…

Ému par leur prière, Pico s'assit et leur raconta des histoires…

Quelques heures plus tard, le roi lui fit signe d'approcher.

– Puisque tu nous as offert ces histoires, cher Pico, nous voulons te faire à notre tour un cadeau, dit-il.

Il cassa un morceau du cristal géant et le lui tendit.

– Ce cristal possède des pouvoirs magiques, expliqua-t-il. Celui qui regarde en lui voit toutes choses sous leur vrai jour. Regarde en lui, Pico, et tu découvriras ce que tu es vraiment !

D'une main hésitante, le nain porta le cristal à son œil. Un grand miroir lui renvoya son reflet. L'intérieur de Pico était si coloré, si lumineux et splendide qu'on en oubliait sa bosse et la laideur de son visage !

– Reviens bientôt nous voir, Pico, reprit le roi avec un sourire, car nous t'aimons beaucoup.

Les petits hommes de cristal raccompagnèrent Pico jusqu'à l'entrée du passage, et le nain rentra chez lui dans la lumière du matin. En marchant, il tournait entre ses mains le cristal magique qui projetait des lueurs d'arc-en-ciel sur la neige.

Ce chatoiement attira le vilain troll.

– C'est quoi ? grommela-t-il en regardant le cristal.

Pico lui raconta joyeusement son aventure dans la grotte aux cristaux.

– Bougre d'idiot ! Pourquoi n'as-tu pas réclamé le cristal géant tout entier ? pesta le troll. Nous pourrions le briser pour en vendre les morceaux et notre fortune serait faite !

– Mais pourquoi ? répondit Pico en riant. J'ai maintenant des amis. Que vouloir de plus ?

Furieux, le troll le planta là, car, contrairement à lui, il en voulait plus !

Le troll attendit son heure. Quand la pleine lune revint, les petits hommes de cristal dansèrent de nouveau devant l'entrée du passage en chantant leur chanson :

Le cristal magique scintille et étincelle
Il brille et rayonne comme l'étoile dans le ciel

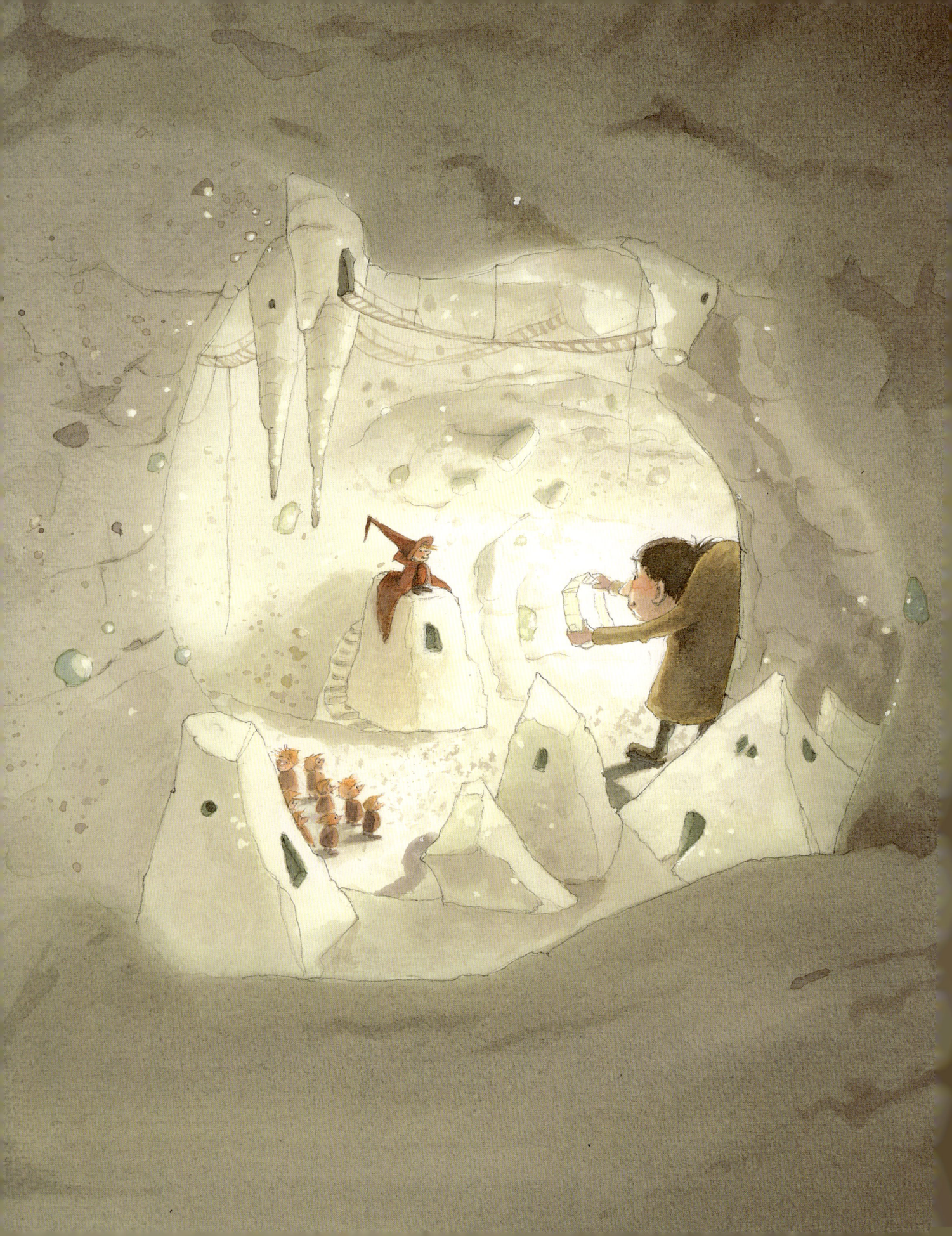

Le troll surgit et hurla : « Tunnel ! Vaisselle ! Échelle ! » car il estimait que trois mots valaient mieux qu'un pour compléter la rime.

Le chant s'interrompit net. Les petits hommes de cristal dévisageaient ce troll mal embouché avec colère. Au bout d'un moment, ils le saisirent et l'entraînèrent dans le passage.

– Viens donc voir le roi ! lui dirent-ils.

Le troll les suivit sans protester, car il était sûr de recevoir une triple récompense pour ses trois rimes !

Quand ils arrivèrent dans la grotte, il regarda avidement autour de lui.

– Je veux ce morceau-là ! s'écria-t-il en montrant le cristal magique. Et remplissez-moi aussi un sac de petits machins qui brillent ! ordonna-t-il.

– Un instant, intervint le roi. Que nous donneras-tu en échange ?

– Je vous ai fait don de trois mots ! fulmina le troll. Je veux qu'ils me soient payés !

– Très bien, voici ta récompense, répondit le roi, et il lui fourra un éclat de cristal dans la main. Prends ce cristal : en regardant en lui, tu découvriras ce que tu es vraiment. Et maintenant, va-t-en ! Nous ne voulons plus jamais te revoir ici !

Le troll ressortit du passage en grommelant, furieux parce que ces idiots ne lui avaient donné qu'un bout de cristal magique pour ses trois rimes. Mais il songeait qu'il pourrait voler le cristal de Pico et revendre les deux morceaux.

Il porta son cristal à ses yeux, curieux d'y découvrir son reflet, et recula, effrayé. Son vrai visage était aussi noir et aussi laid que le gosier d'un vieux dragon ! Il se mit à pleurer de rage et disparut à jamais.

Quant au petit Pico, il vécut heureux. Désormais, il ne se cachait plus et il sortait le jour. Par les nuits de pleine lune, il allait voir ses amis les petits hommes de cristal avec lesquels il chantait et riait. Il s'asseyait ensuite à côté du cristal géant pour leur raconter toutes les belles histoires qui lui étaient venues à l'esprit dans le vaste monde aux mille couleurs.

17. L'arbre de Noël

Il était une fois un garçon et une fille qui avaient à peu près votre âge, dit Grand-Père Moïse. Ce jour-là, tous deux marchaient en forêt avec leur père à la recherche d'un arbre de Noël.

Ils examinèrent de nombreux sapins, mais ils leur trouvaient toujours un défaut.

– Non, celui-ci est trop grand pour notre salle à manger, dit le garçon, mais le suivant était trop petit.

– Oh là là ! s'exclama sa sœur. Celui-là est tout tordu !

– Et celui-là, tout déplumé à l'arrière ! grommela le père.

Ils en découvrirent un autre qui avait deux cimes. Il était amusant, mais ce n'était toujours pas ce qu'il leur fallait.

Ils se reposèrent un peu. Ils mangèrent des tartines de fromage et des pommes sur un banc en bois chauffé par le soleil, et le père tira de sa poche quelques petits pains d'épices. Ils repartirent ensuite. Le père regardait vers la gauche du chemin et les enfants vers la droite. Les enfants découvrirent soudain une grande clairière. Dans cette clairière se dressait le plus beau sapin dont on puisse rêver. Il était bien droit, ni trop grand, ni trop petit, ni trop épais, ni trop frêle. Sur ses branches largement déployées scintillaient des cristaux de neige.

– Regarde, Papa ! crièrent les enfants. Nous avons trouvé le plus beau des sapins !

Le père les rejoignit et poussa un sifflement appréciateur.

– Nom d'un tonnerre ! Il est parfait, déclara-t-il.

Tous trois admirèrent l'arbre en silence.

– Papa, quel âge a-t-il ? demanda la fille.

– Hum, il doit avoir environ votre âge, répondit le père, et il tira sa scie de son sac à dos. Bon, et maintenant, nous allons abattre cette merveille et la rapporter à la maison.

– Non, Papa, attends ! s'écria la fille.

Elle se précipita vers l'arbre et saisit deux de ses branches les plus vigoureuses. On aurait dit que l'arbre et elle se tenaient par les mains. La fille inclina la tête vers le tronc comme pour l'écouter.

– Le sapin vient de me dire qu'il ne veut pas être scié. Il est encore trop jeune, annonça-t-elle.

– Mais… nous sommes bien venus chercher un sapin de Noël, non ? observa le père déconcerté.

Le garçon rejoignit sa sœur et tendit l'oreille à son tour.

– Le sapin a dit qu'il aimerait bien être un arbre de Noël, mais pas dans notre salon, dit-il.

– Mais où, alors ? demanda le père stupéfait.

Les enfants inclinèrent de nouveau la tête vers le tronc.

– Le sapin a dit que nous pouvons fêter Noël ici, près de lui, répondirent-ils un instant plus tard. Il sera l'arbre de Noël de tous ceux qui voudront venir ici.

– Mais ça veut dire que tout le monde devra venir ici ! s'exclama le père.

– Tout juste ! lancèrent joyeusement les enfants. Pourquoi devrait-on avoir un arbre de Noël pour soi tout seul alors qu'on peut partager ?

– Nous partagerons celui-ci, déclara la fille. Nous fêterons Noël deux fois : ici et, plus tard, à la maison avec notre couronne de l'Avent. Comme ça, ce beau sapin pourra grandir encore. Quand nous serons rentrés, nous demanderons à Papi et à Mamie s'ils ont envie de venir avec nous !

Ce fut ainsi que, l'après-midi de Noël, une étrange procession traversa la forêt. Le garçon et la fille marchaient en tête avec une grande étoile qu'ils avaient fabriquée. Venaient ensuite les parents, les grands-parents et de nombreux habitants du petit village, tous chargés de paniers et de sacs à dos.

Ils creusèrent un foyer dans la clairière et posèrent sur le feu un chaudron rempli de thé de Noël. Ils décorèrent ensuite le sapin.

Chacun avait apporté quelques bougies ou des décorations de Noël, si bien que l'arbre fut bientôt paré d'ornements multicolores. Tante Polly et Oncle Alf jouèrent de la guitare. Les fermiers qui habitaient de l'autre côté de la vallée étaient venus avec leur âne, sur lequel tous les enfants eurent le droit de faire le tour de la clairière.

À la tombée de la nuit, on alluma les bougies de l'arbre de Noël et on entonna des chants de Noël auxquels l'âne lui-même mêla sa voix, et tout le monde éclata de rire.

Et le garçon et la fille qui avaient votre âge ?

Ils étaient aussi rayonnants que le sapin, car ils savaient que ce dernier pourrait encore grandir et qu'au prochain réveillon, il redeviendrait un arbre de Noël pour tout le monde.

18. Mathéo aide le père Noël

– Mathéo, mon grand, peux-tu aller acheter du sucre en poudre à l'épicerie ? demanda Maman. Je suis dans la pâte à biscuits jusqu'aux coudes…
– Bon, d'accord, soupira Mathéo.

Il passa son anorak, ses bottes, prit un billet de dix euros dans le porte-monnaie de Maman, un sac pour les courses, et sortit.

À son retour, il découvrit dans le jardin, devant la maison, quelque chose de grand, de rouge et de laineux.

– Mais… c'est le bonnet du père Noël ! s'exclama-t-il.

Il le ramassa, en secoua la neige et entra dans la maison en courant.

– Maman, regarde ce que j'ai trouvé dehors ! cria-t-il.
– Ça alors… s'étonna Maman. Le père Noël l'a sûrement perdu parce qu'il se dépêchait. Il a beaucoup de travail en ce moment.
– Alors je pourrais l'aider un peu ! s'écria Mathéo.
– Excellente idée ! déclara Maman en riant. Il sera très content. Commence donc par ranger ta chambre !

Mathéo se coiffa du bonnet du père Noël et se mit au travail. Bientôt, sa chambre fut rangée comme elle ne l'avait pas été depuis longtemps.

Quand il eut terminé, Mathéo aida Maman à la cuisine : il découpa de petits biscuits dans la pâte et les enfourna. Toute la maison embaumait Noël. Mathéo grignota un biscuit aux noisettes :

– Ils sont délicieux ! Je peux en apporter à madame Dubois ? demanda-t-il.
– Bien sûr, dit Maman avec un sourire. C'est vraiment gentil de penser à notre voisine.

Mathéo remit ses bottes et partit chez la voisine avec un plateau de biscuits qu'il portait avec précaution.

– Tiens, une visite du père Noël ? s'étonna madame Dubois en lui ouvrant la porte.

– Mais non, c'est moi ! répondit Mathéo en riant, et il repoussa le bonnet du père Noël sur son front. J'aide le père Noël aujourd'hui. Je vous ai apporté des biscuits. Je peux faire autre chose pour vous ?

– Hé bien, je voulais déblayer la neige, mais mon dos me fait vraiment mal. Est-ce que tu pourrais le faire ?

– Bien sûr, acquiesça Mathéo en prenant le balai. C'est comme si c'était fait !

En entrant chez lui, il vit un essaim de petits oiseaux qui picoraient la terre gelée.

Ils ont sûrement faim, se dit-il. Je vais leur donner à manger.

Il prit à la cuisine une tranche de pain rassis et une poignée de flocons d'avoine qu'il sema sous les buissons.

Ce soir-là, Mathéo était bien fatigué quand il passa son pyjama, et ses yeux se fermaient pendant qu'il se brossait les dents.

– Ouaaah ! bâilla-t-il, c'était drôlement fatigant, mais le père Noël est sûrement bien content de ne pas avoir dû tout faire tout seul. Bonne nuit, Maman !

– Bonne nuit, mon grand qui aide si bien le père Noël ! dit Maman avec un sourire.

Cette nuit-là, Mathéo rêva du père Noël. Il volait à travers les airs sur le petit traîneau de Mathéo et il était si chargé de cadeaux qu'il ne savait plus où donner de la tête. Et il ne retrouvait plus le cadeau de Mathéo !

« Bon sang de bonsoir ! » grommelait-il dans sa grande barbe blanche. « C'est vraiment bête, alors que Mathéo m'a aidé si gentiment… »

Heureusement, ce n'était qu'un rêve, constata Mathéo avec soulagement à son réveil. Il se glissa hors de son lit et voulut remettre aussitôt le bonnet du père Noël, mais il avait disparu ! Il le chercha partout dans sa chambre.

– Mais où est-il passé ? se lamenta-t-il. Je l'avais posé sur cette chaise hier soir !

– Je n'en sais rien, dit Maman, mais on pourrait regarder aussi au salon.

Mathéo ouvrit la porte du salon.

– Oh ! Qu'est-ce que c'est beau ! s'écria-t-il.

Toute la salle resplendissait sous les ornements de Noël. Sous le sapin tout illuminé était posée une multitude de paquets de toutes les couleurs… et un petit bonnet rouge de père Noël rempli de friandises !

– Ça alors… le père Noël m'a apporté un bonnet rien que pour moi ! s'étonna Mathéo, et il voulut aussitôt l'essayer. Maman versa les friandises dans une petite corbeille et enfonça le bonnet sur les oreilles de Mathéo.

– Il te va très bien, constata-t-elle. Il te l'a sûrement offert pour te remercier d'avoir retrouvé le sien !

Le nouveau bonnet était léger, chaud et avait un léger parfum de Noël.

– Maintenant, je pourrai aider le père Noël tous les jours ! s'écria joyeusement Mathéo.

– Et si tu commençais par m'aider à ouvrir les cadeaux et à manger les biscuits ! dit Maman dans un éclat de rire, et elle le chatouilla. Joyeux Noël, Mathéo !

19. L'arbre aux étoiles

Quand Léo et Léa se réveillèrent à la nuit tombée, on ne voyait ni la lune, ni les étoiles dans le ciel car il était masqué par une épaisse couche de nuages.

– Il fait plus chaud et il va bientôt neiger de nouveau, annonça Moïse. Préférez-vous dîner dehors ou à la maison ?

– Dehors, dehors ! Devant le feu ! répondirent les deux petits lutins en chœur.

– Alors, apportez tout ce qu'il faut sous l'arbre de vie, dit leur grand-père en riant. Mais pas avant de vous être habillés chaudement. Je vais m'occuper du feu. Nous aurons encore des invités ce soir.

Léo et Léa se lavèrent à la cuisine, où Grand-Père avait fait chauffer de l'eau pour eux. Ils passèrent les vêtements qu'il fallait pour une nuit d'hiver bien froide : caleçons longs, tricots de corps, chaussettes en fins poils de chèvre tricotées par Maman Mona, pulls, vestes matelassées, gants et bottes en feutre épais. Ils coiffèrent les bonnets à pointe qu'ils avaient reçus juste après leur naissance et qui, depuis, grandissaient comme eux (tous les lutins les ôtent pour dormir). Ils apportèrent la corbeille contenant le dîner et la déposèrent devant le feu. Ils entendaient plusieurs voix : la voix de basse de leur grand-père et une voix de femme plus haute… celle de leur mère ? Non, bien sûr.

– Pirli Pim Poum ! les salua une vieille femme en les débarrassant de la corbeille. Je suis Sina, la sœur jumelle de Sino. J'habite de l'autre côté du fleuve, mais j'ai appris qu'on raconte ici de belles histoires, alors j'ai eu envie de venir en écouter et aussi d'en raconter.

– Pirli Pim Poum, Sina ! répondit Léa. C'est bien que tu sois…
oh, au secours !

Effrayée, elle s'accroupit dans la neige. Une grande ombre grise l'avait survolée de si près que la pointe de son bonnet oscillait encore.

– Hou-hou… excuuuuse-moi ! hulula le bébé chouette après avoir atterri. Je ne vou-ou-oulais pas te renverser.

Grand-Père Moïse aida Léa toute frissonnante à se relever, la prit dans ses bras et lui montra le bébé chouette.

– Puis-je faire les présentations ? Voici notre voisine Lou-Lou, dit-il. Elle habite au-dessus de chez moi et elle écoute nos histoires depuis plusieurs jours. Je l'ai donc invitée à s'asseoir avec nous devant le feu.

– Pirli Pim Poum ! dirent poliment Léo et Léa en même temps, et tout le monde prit place autour du chaudron de potion magique.

Grand-Père Moïse avait disposé sur le sol des coussins en feutre si épais qu'il était impossible d'avoir froid aux fesses. Léo était assis à côté de Lou-Lou, qu'il contemplait les yeux brillant d'excitation. Il y avait quelques jours à peine, il avait fait le vœu d'avoir un renard ou une chouette pour ami. Et maintenant, une chouette était à côté de lui ! Peut-être pourrait-il un jour voler sur son dos ?

Sina soufflait doucement sur sa potion, dont la vapeur montait en filets blancs entre les branches d'arbres.

– Ton chêne de vie est devenu grand et fort, dit-elle à Grand-Père Moïse.

– Oui, aussi grand et fort que moi ! répondit-il dans un éclat de rire. Mais, hélas, tout aussi vieux : il a plus de quatre cents ans.

– Mon hêtre a plus de trois cent quatre-vingts ans, reprit Sina. Et vous, les enfants, quels arbres a-t-on plantés pour vous ?

– J'ai un chêne comme Grand-Père, répondit Léo avec fierté.

– Et moi, un tilleul, déclara Léa. Si l'un des bébés que porte Maman est une fille, on plantera aussi un tilleul pour elle. J'espère que Maman Mona va bien… je vais faire un vœu pour elle.

– Mais ce soir, tu ne verras pas ton étoile, objecta Léo.

– Avec le cadeau que je vous ai apporté, ce n'est pas grave, dit la vieille Sina, tout sourire.

Avec un air mystérieux, elle plongea la main dans son sac et en tira une poignée d'étoiles en papier jaune.

– Des étoiles pour les vœux ! s'exclama Grand-Père Moïse tout surpris. J'avais oublié que ça existait !

– Mais moi, non, fit la vieille Sina en riant, et elle distribua ses étoiles au petit cercle. Quand Moïse et moi étions enfants, nous fabriquions chaque hiver des étoiles comme celles-là pour nos amis et pour nous. Nous y écrivions nos vœux et nous les accrochions aux arbres avec de la ficelle pour que le ciel sache ce que nous voulions.

— Oui, et en été, nous nous offrions des cœurs pour nos vœux, ajouta Grand-Père Moïse, et il adressa un clin d'œil à Sina.

— Mais je ne sais pas encore écrire, fit tristement Léa.

— Ça ne fait rien, répondit Sina en lui tendant un bout de charbon, tu peux dessiner ou fermer les yeux et souffler un vœu en pensée à ton étoile.

— Super ! s'extasia Léo. Mais comment allons-nous suspendre les étoiles dans les arbres ?

— Tu n'as qu'à monter sur mon dos et bien t'accrocher, intervint la chouette.

— Oh oui ! exulta Léo, et, de joie, il sauta au cou de la chouette.

Il attendit avec impatience que sa sœur ait dessiné deux visages de bébés sur une étoile, puis en fit autant. Il se hissa alors joyeusement sur le dos de Lou-Lou et s'envola avec ses étoiles vers la cime des arbres comme s'il n'avait jamais rien fait d'autre de toute sa vie de petit lutin.

20. La vérité sur l'enfant Jésus

Alex vivait dans une petite ferme sur la montagne avec ses parents, son frère et sa sœur cadets et son grand-père. Il devait, été comme hiver, marcher une heure pour aller à l'école, en descendant de la montagne le matin et en remontant l'après-midi.

Mais cela ne le dérangeait pas, car il adorait l'école. Et il aimait le silence de la forêt et ses arbres majestueux. Plus tard, il voulait devenir garde forestier et technicien.

Quand il rentra chez lui la veille des vacances de Noël, il était fatigué et en sueur car il avait marché longtemps dans la neige profonde. Il n'avait qu'une envie : s'enfermer dans sa chambre pour finir une maquette de tracteur. Mais sa sœur Lise et son frère Anton, surexcités, ne tenaient pas en place et le bombardaient de questions.

– Alex, combien de nuits il faut encore dormir avant que l'enfant Jésus arrive ? Tu l'as déjà vu ? Est-ce que les anges de Noël volent dans la maison pour voir si nous sommes sages ?

– Ou-i-i-i ! lança Alex, agacé. Alors soyez bien sages et arrêtez de poser des questions !

Mais Lise poussa un cri aigu parce qu'elle venait de trouver une plume d'ange, qui était probablement celle de la nouvelle poule blanche. Ce fut ensuite Anton qui hurla, car il s'était cogné le nez contre la porte en regardant par la serrure pour apercevoir l'arbre de Noël.

Exaspéré, Alex claqua la porte de sa chambre, qui était sous les combles. Un instant plus tard, on frappa à la porte et le grand-père d'Alex passa la tête dans l'embrasure.

– Alors, Alex, demanda-t-il avec un sourire, on va aider le petit Jésus et chercher le sapin de Noël ?

C'en fut trop pour Alex.

— Ça va, arrête avec ces idioties ! éclata-t-il. Je ne suis plus un bébé ! Je sais depuis longtemps qu'il n'y a pas de petit Jésus, ni de saint Nicolas, de père Noël et de lapin de Pâques. Ce sont seulement les adultes qui décorent l'arbre de Noël, apportent des cadeaux ou cachent des œufs. Tout ça, ce ne sont que des histoires !

Le visage souriant de son grand-père devint soudain sérieux. Il entra, s'assit à côté de son petit-fils devant son bureau et réfléchit un instant.

— Tu t'y connais en technique, Alex, dit-il enfin. Peux-tu m'expliquer comment un poste de télévision fonctionne ou comment les voix nous parviennent par le téléphone ou la radio ? Parce que de petits bonshommes qui sautillent dedans parlent, chantent et jouent de la musique ?

— Bien sûr que non ! s'exclama Alex. Les voix sont transmises par des ondes invisibles qui traversent l'air et peuvent aller n'importe où. On peut les capter avec un bon récepteur, et alors voir ou entendre tout ce qui nous est transmis.

— Ah ah, fit son grand-père en hochant la tête, mais que se passe-t-il quand mon poste de télévision ou ma radio sont éteints ? Ces ondes sont-elles toujours là ?

— Oui, bien sûr, répondit Alex après un instant de réflexion, car ton programme de télévision n'est pas émis seulement pour toi. Quand ton poste est éteint, tu ne vois plus rien, mais ton voisin peut quand même regarder la télévision.

— Mais si ces ondes sont invisibles et inaudibles, peut-être n'existent-elles pas ? Peut-être que toutes ces histoires d'ondes ne sont que des mensonges ? demanda le grand-père.

— Si, elles existent. Elles sont toujours là, mais il faut un appareil pour les rendre visibles.

— Merci, tu m'as très bien expliqué tout ça, dit son grand-père avec un sourire. Je comprends maintenant pourquoi je ne peux pas regarder les informations à la radio : parce que ce n'est pas le bon appareil.

— Voilà ! approuva Alex en riant. Maintenant, tu as compris.

— Parfait. Alors tu comprendras peut-être le secret que je vais te confier, murmura son grand-père. Écoute-moi bien, Alex : l'enfant Jésus, le père Noël, saint Nicolas et le lapin de Pâques existent, tout comme le Bonhomme Hiver, le marchand de sable et bien d'autres encore. Tous vivent dans un endroit secret où nous, les humains, ne pouvons pas nous rendre, mais ils nous envoient de là-bas des ondes invisibles et inaudibles qui traversent les airs et peuvent aller n'importe où. Ces ondes sont d'une espèce

particulière : elles sont faites d'amour pour notre prochain. Celui qui possède dans son cœur le bon récepteur sent ces ondes et saura alors ce qu'il doit faire. Par exemple, décorer un arbre de Noël en hommage au petit Jésus pour ses enfants. Celui qui sent ces ondes invisibles d'amour pour son prochain cuira des gâteaux, fabriquera des décorations de Noël et chantera. Il écrira des lettres, offrira des cadeaux et préparera des surprises. Ce sont des choses qu'on fait même si on ne sait pas toujours pourquoi. Crois-tu vraiment que les parents et les grands-parents ont envie de raconter des mensonges à leur famille et leurs amis ? Non, Alex. Quand on sent en soi ces forces invisibles, on a tout simplement envie de les rendre visibles. En ce moment, l'enfant Jésus est vraiment là, parmi nous.

Alex regarda longuement son grand-père. Au bout d'un instant, il se leva, enfila sa veste et posa sa petite main d'enfant dans la main noueuse de son grand-père.

– C'est d'accord, Grand-Père. Allons aider le petit Jésus, dit-il.

21. Douce nuit, sainte nuit…

Il y a bien longtemps, une grande guerre s'achevait en Europe. À Oberndorf, un petit village des environs de Salzbourg, l'hiver de 1818 fut particulièrement rude. Il faisait un froid mordant et rares étaient les familles qui mangeaient à leur faim. Le jeune assistant du curé essayait bien d'aider les pauvres, mais il ne pouvait faire plus que leur prodiguer des paroles de réconfort et chauffer l'église les jours de fête.

Au matin de Noël, le père Joseph Mohr, qui faisait ses derniers préparatifs pour la messe, entra dans l'église avec son meilleur ami, le maître d'école et organiste Franz Xaver Gruber. Mais lorsque ce dernier voulut jouer de l'orgue, il n'entendit plus qu'un souffle poussif.

– Que se passe-t-il ? s'étonna Gruber, et il se glissa derrière l'instrument pour l'examiner. Oh non ! s'écria-t-il, consterné. Viens vite voir, Joseph !

Les deux amis contemplèrent avec effroi le soufflet en cuir qui pompait l'air dans les grands tuyaux d'orgue. Un gros trou béait au milieu du cuir.

– Eh bien, au moins les souris de l'église auront mangé cette nuit, commenta le père Mohr. Mais comment faire, maintenant ? J'ai invité tous les gens du village à venir écouter la messe de minuit et à boire un bol de soupe chaude à l'église. Il faudrait au moins leur offrir une belle soirée pour Noël.

— Une messe de Noël sans musique, ce serait trop triste, dit l'organiste désemparé.

Tous deux réfléchirent en silence.

— Et si nous chantions tous quelque chose de beau ? suggéra le père Mohr. Peut-être un nouvel air… attends un peu !

Il se rendit dans son bureau et en ressortit un instant plus tard avec une feuille de papier couverte de paragraphes surmontés du titre *Douce Nuit*.

— Qu'est-ce que c'est ? demanda Gruber tout surpris.

— Un poème que j'ai écrit il y a quelques années pour Noël, répondit Mohr avec embarras. Je ne l'avais encore jamais montré à personne. Pourrais-tu composer d'ici ce soir un air sur ta guitare ?

Gruber acquiesça.

— Je vais essayer, dit-il.

Et il fredonnait déjà la mélodie en s'éloignant.

Le soir de Noël, l'église d'Oberndorf était pleine à craquer. Les villageois curieux se pressaient à l'intérieur en chuchotant. Ils avaient entendu dire qu'on leur réservait une surprise pour la messe de Noël.

Peu avant la bénédiction, Franz Gruber rejoignit le pasteur devant l'autel. Tous deux prirent leurs guitares et se mirent à chanter :

> *Douce nuit, sainte nuit,*
> *Dans les cieux, l'astre luit…*

La mélodie envoûtante remplissait l'église et réchauffait les cœurs. L'assistance l'écoutait avec recueillement. Quelques fidèles plus hardis se joignirent au chant, et bientôt, tout le monde chanta.

À la fin de cette messe de Noël, beaucoup avaient les larmes aux yeux, mais c'étaient des larmes de joie, et les villageois rentrèrent chez eux étrangement réconfortés. Ils sentaient qu'ils avaient vécu un moment unique.

Mais ce n'est pas la fin de cette histoire.

L'été suivant, un fabriquant d'orgues tyrolien vint réparer le soufflet de l'orgue. Il entendit le chant de Noël du père Mohr et de Franz Gruber, qui l'émut profondément.

— C'est vraiment merveilleux, dit-il. Pourrais-je recopier le texte et la partition ?

Maître Mauracher emporta donc le chant dans sa région natale de Zillertaler et le joua à l'église avec la famille de chanteurs Strasser. Et la magnifique mélodie réchauffa de nouveau les cœurs.

– Il faut faire connaître ce chant merveilleux ! déclara le père Lorenz Strasser, qui était un artiste ambulant. Il se rendit avec sa famille dans le nord de l'Allemagne. Là-bas, beaucoup habitaient des villes grises et mornes et travaillaient dans des fabriques et des forges poussiéreuses. Quand la famille Strasser jouait sa musique sur les marchés et chantait des airs venus tout droit des montagnes pures et splendides, on les écoutait avidement.

Les habitants de ces villes connurent ainsi le chant de Noël et le chantèrent à leur tour.

Les paroles furent bientôt traduites dans plusieurs langues afin que tout le monde puisse les comprendre. Ce chant est aujourd'hui repris dans plus de trois cents langues et tous ceux qui l'entendent ont envie de le faire connaître. Il traverse le monde comme un grand fleuve de notes et de paroles qui grossit et devient toujours plus puissant.

Douce nuit, sainte nuit,
Dans les cieux, l'astre luit…

22. Les douze mois de l'année

Il était une fois une vieille femme si pauvre qu'elle ne pouvait même pas acheter de charbon pour réchauffer sa misérable hutte en hiver. C'est ainsi que par les journées les plus glaciales, elle sortait de chez elle, sa corbeille sur le dos, pour aller ramasser du bois dans la forêt la plus proche. En route, elle fredonnait joyeusement, car elle aimait la forêt et se réjouissait de sentir ses vieux os se réchauffer pendant la marche.

Mais par une après-midi d'hiver où elle gravissait la côte menant à la forêt, elle entrevit la lueur vacillante d'un feu dans une grotte qu'elle n'avait encore jamais remarquée jusqu'ici. Alors que, stupéfaite, elle s'approchait de cette grotte, elle vit douze jeunes hommes qui buvaient du thé assis autour d'un feu.

– Bonjour, petite mère ! lui dit aimablement l'un d'eux. Veux-tu t'asseoir avec nous pour te réchauffer ? Aujourd'hui, il fait un froid de canard !

– C'est bien normal, répondit la vieille avec un sourire. Après tout, nous sommes en hiver. Mais je prendrais bien un gobelet de ce thé qui sent si bon !

Elle déposa sa corbeille et s'approcha du feu. Elle ne remarqua pas que les jeunes hommes s'adressaient des sourires par-dessus sa tête.

– Tu préfères donc le froid de l'hiver à la chaleur de l'été ? demanda un autre jeune homme.

– Pas du tout ! s'exclama la vieille. Chaque saison et chaque mois a son caractère et ses beautés, et je les aime tous également.

Les douze jeunes hommes sourirent de nouveau et se regardèrent en hochant la tête.

Quand la vieille eut fini son thé, elle remercia poliment ses hôtes et reprit sa corbeille.

– Maintenant, je dois rentrer chez moi, dit-elle. Je vous souhaite une bonne année, messieurs !

Et elle repartit en fredonnant joyeusement, bien que son fardeau lui parût plus lourd. Elle comprit pourquoi quand, de retour chez elle, elle voulut entasser le bois près de son foyer : sa corbeille contenait douze pièces d'or !

La vieille put désormais vivre à l'abri de tout souci.

Non loin de sa hutte s'élevait une belle demeure dans laquelle vivait une veuve âgée et riche.

Cette dernière entendit parler de la fortune de sa voisine et apprit comment elle avait obtenu tout cet or.

« Ce serait bien malheureux si je ne pouvais en ramener autant », se dit-elle. Elle remplit donc une corbeille de feuilles sèches afin de ne pas trop se charger, revêtit ses plus vieux vêtements et gravit en soufflant la côte menant à la forêt. En haut, elle trouva la grotte, à l'intérieur de laquelle les douze jeunes gens se tenaient assis autour du feu.

– Brrr ! Ce qu'il peut faire froid ! se plaignit la veuve en se frottant les mains. Ces mois d'hiver sont épouvantables ! J'ai vraiment hâte d'en voir la fin !

Les visages des douze jeunes gens s'assombrirent et ils échangèrent un regard qui en disait long, mais ils n'en invitèrent pas moins la veuve à s'asseoir devant le feu.

– Tu préfères sans doute les mois d'été ? l'interrogea un jeune homme en lui tendant un gobelet de thé.

– Oh non, ils ne valent pas mieux, répondit la vieille. Le mois de mars ne nous apporte que des maladies, en avril, mieux vaut ne pas se découvrir d'un fil, quant au mois de mai, on y fait soi-disant ce qu'il vous plaît, mais en fait, le crachin dure jusqu'au mois de juin. Et cette chaleur insupportable en juillet et en août ! Mais en septembre,

on n'a aucune raison de se réjouir, car il recommence à faire froid. C'est une vraie misère ! Non, je n'aime aucun des douze mois de l'année…

Les douze jeunes gens se regardèrent de nouveau et secouèrent la tête.
La veuve se releva et reprit sa corbeille.

– Bon, et maintenant, dit-elle, je dois rentrer. Bonsoir !

Elle tourna les talons et repartit, car elle avait hâte de s'enfermer chez elle pour compter son or. Mais lorsqu'elle fouilla dans sa corbeille de ses doigts tremblants, elle n'y trouva que des feuilles sèches.

Les douze mois avaient récompensé les deux femmes selon leurs mérites.

23. Le lit céleste

Par une froide et sombre soirée d'hiver, le ciel s'ouvrit soudain. Une multitude d'anges en surgit. Ils descendirent vers la terre comme des étoiles filantes en chantant une merveilleuse mélodie.

Les animaux, qui avaient l'ouïe plus fine, furent les premiers à l'entendre. Stupéfaits, ils suivirent des yeux les anges qui traînaient derrière eux une immense étoffe tissée dans la soie de nuages.

– Que se passe-t-il ? demanda un lièvre qui grelottait dans son terrier.

Étant curieux de nature, il s'approcha en sautillant des anges qui avaient atterri et, perplexes, regardaient autour d'eux.

– Puis-je vous aider ? demanda aimablement le lièvre.

Mais les anges secouèrent la tête :

– Non, mon petit, tu ne peux pas, répondit l'un d'eux. Le divin enfant doit venir au monde cette nuit et nous cherchons où étendre le drap de son lit.

– En ville ! lancèrent quelques anges.

– Non, en forêt ! crièrent d'autres.

– Mais non, sur l'eau !

Les anges paraissaient prêts à se voler dans les plumes.

– Arrêtez ! s'interposa le lièvre. Je connais un bon endroit. Suivez-moi.

Les anges le suivirent.

– Quoi… ici ? s'exclamèrent-ils, consternés. Mais c'est une étable !

– Tout juste, approuva fièrement le lièvre. Une étable en excellent état avec un toit, de l'eau et un lit pour le divin enfant.

Les anges se regardèrent en silence.

– Mais dans quel état ! se lamenta l'un d'eux. Il faudrait tout ranger et nettoyer, et nous avons déjà assez à faire…

– Laissez-moi m'en charger ! dit le lièvre, qui s'éloigna en sautillant.

Il se rendit au grand rocher qui était le lieu de rendez-vous des animaux et rassembla tous ses amis en battant le tambour.

– Voyez-vous l'étoile qui est là-haut ? leur demanda-t-il. Un grand événement aura lieu cette nuit : le divin enfant viendra au monde, et il faut faire son lit afin qu'il n'ait pas froid !

– Nous t'aiderons ! déclarèrent les animaux.

Chacun avait une tâche à remplir ou quelque chose à apporter.

Les oiseaux époussetèrent de leurs ailes les vieilles poutres de l'étable.

Le daim balaya le sol avec du feuillage.

Les fourmis et les souris emportèrent les détritus.

Le bœuf apporta du foin odorant des alpages.

Et les moutons garnirent le berceau de laine bien douce, quand tout à coup… tous les animaux entendirent une voix puissante dans l'entrée de l'étable.

– Que se passe-t-il ? gronda la voix.

Les animaux se figèrent, affolés. C'était le loup !

Le bœuf, qui était grand et fort, se plaça devant ses amis pour les protéger.

– Meuh ! répondit-il au loup. Cette nuit est sacrée. Laisse-nous tranquilles et viens plutôt nous aider !

– C'est bon, grommela le loup en inclinant sa tête hirsute, je vais chercher du bois pour le feu.

Les anges, qui étaient assis sur le toit de l'étable, veillaient à ce que le drap en soie de nuages ne se déchire pas et à ce que l'étable se transforme en un foyer chaud et accueillant. Au bout d'un moment, le chef des anges fit signe au lièvre.

– L'étoile est maintenant toute proche, lui dit-il. Ils arrivent !

– Et nous, nous sortons, annonça le lièvre à ses amis.

Quand Marie et Joseph franchirent le seuil de l'étable, tout à l'intérieur était propre et paisible. Les animaux attendaient, pressés les uns contre les autres devant les fenêtres, le miracle, et il eut lieu…

– Alléluia ! chantèrent les anges en chœur, réjouissez-vous tous sur terre ! Le fils de Dieu, le divin enfant, vient de naître !

– Pouvons-nous le voir ? demanda le lièvre.

– Oui, bien sûr, répondit le chef des anges. Entrez donc !

Les animaux entrèrent sans bruit et défilèrent un à un devant le berceau pour regarder l'enfant.

Et, comme chacun d'eux pensait à ses petits en le voyant,

l'oiseau vit un oisillon,

le daim, un faon,

la vache, un veau,

le mouton, un agneau

et le loup, un louveteau dans le berceau.

– Mais… c'est impossible ! chuchota le lièvre stupéfait. Le divin enfant nous ressemble !

Le chef des anges sourit.

– Oui, répondit-il, c'est là le plus grand des miracles !

24. Noël dans la forêt des lutins

— Pirli Pim Poum, Léo ! bâilla Léa qui se réveillait tout juste. Tu sais depuis combien de temps nous sommes chez Grand-Père ?

— Bien sûr, répondit son frère. Ce soir, c'est la vingt-quatrième nuit de décembre. Mais pourquoi Grand-Père a-t-il mis le réveil si tôt aujourd'hui ? Il fait encore jour !

— Ho, ho, déjà réveillés ? gronda la voix de basse de Moïse. Alors, habillez-vous en vitesse et prenez vos capes de camouflage. Nous partons tout de suite ! Aujourd'hui, un tas de surprises vous attendent…

Les deux lutins s'habillèrent et se précipitèrent dehors. De quelles surprises leur grand-père parlait-il ?

Devant la porte se tenaient la chouette Lou-Lou et un renard chargé de paquets !

— Qui que quoi… c'est Rusard, l'ami de Papa ? Il est arrivé quelque chose ? bafouilla Léa.

Ce n'était pas Rusard, mais Réa la renarde. Elle secoua la tête en regardant Léa gentiment.

— Ne t'inquiète pas, Léa, tout va bien, la rassura Moïse. Réa la renarde et Lou-Lou la chouette nous aideront à porter les paquets. Puisqu'aujourd'hui, les grandes créatures célèbrent Noël, nous ferons la fête nous aussi ! Nous mangerons de bonnes choses, nous chanterons de belles chansons et nous aurons des cadeaux, c'est d'accord ?

— Oui, youpi ! s'écrièrent les lutins, et ils revêtirent leurs capes de camouflage.

Léo s'installa entre les ailes de Lou-Lou, Léa et son grand-père montèrent sur le dos de Réa et ils s'éloignèrent dans la forêt.

Ils s'arrêtèrent dans une clairière au milieu de laquelle se dressait une grande pierre.

Il régnait un tel silence qu'on entendait la neige tomber des arbres, mais des traces sur le sol indiquaient que de nombreux animaux étaient venus là.

– C'est le plus grand lieu de rassemblement de la forêt et c'est ici qu'on se transmet les nouvelles, chuchota Grand-Père Moïse. Dépêchons-nous, nous avons fort à faire avant que les animaux se réveillent et sortent de chez eux.

Moïse déchargea les sacs et distribua les tâches.

– Léo et Lou-Lou, vous accrocherez les sacs de graines pour les oiseaux dans les arbres. Léa, tu déposeras les noisettes pour les écureuils sous les sapins. Et toi, Réa, viens avec moi, dit-il.

Il monta sur la pierre et balaya la neige dont elle était couverte. Au-dessous, il n'y avait pas de pierre, mais une toile. Quand Moïse et Réa la retirèrent, un grand tas de foin odorant pour les daims apparut. Les sacs de Moïse contenaient également des pommes pour les sangliers et des navets pour les lièvres.

Tous les cadeaux furent bientôt disposés à leurs places.

– Et maintenant, rentrons en vitesse, chuchota Grand-Père Moïse. Allons nous mettre au chaud et laissons les animaux fêter Noël en paix.

– Lou-Lou et moi avons encore quelques cadeaux à distribuer, répondit Léo avec un sourire. Il tira de sa cape une poignée d'étoiles en papier, les accrocha dans les arbres autour de la clairière, et tout parut encore plus beau et plus joyeux qu'avant.

Le soleil d'hiver disparut derrière les arbres. Les lutins se préparaient à repartir, quand une voix puissante s'éleva derrière eux.

– HALTE-LÀ !

Ils se pétrifièrent, puis se retournèrent lentement, sur leurs gardes.

Au centre de la clairière se tenait un gigantesque cerf.

– Lequel de vous est Moïse ? gronda-t-il.

– Euh… c'est moi, répondit Moïse ahuri.

– J'ai une nouvelle de dernière minute pour tes petits-enfants et toi, annonça le cerf, et il déposa à leurs pieds un minuscule paquet qui avait été fixé à ses bois. Cette nouvelle vient de Théo et de Mona.

– Oh, merci ! s'écrièrent Moïse, Léo et Léa tous ensemble.

– C'est nous qui vous remercions, répondit le cerf de sa grosse voix. Joyeux Noël à vous, les lutins !

– Joyeux Noël ! dirent Léo et Léa, mais ils avaient hâte de rentrer chez leur grand-père.

Là-bas, le chaudron de potion magique était sur le feu, à côté d'un gâteau aux noisettes et de trois petits paquets sur lesquels étaient écrits les noms de Moïse, Léo et Léa.

– On dirait qu'un lutin de Noël est aussi passé par là, dit Moïse en riant.

Tous prirent joyeusement place auprès du feu. Les lutins dévorèrent tout le gâteau tandis que Réa et Lou-Lou mangeaient chacune une saucisse.

Léa et Léo ouvrirent ensuite le paquet que leur avait remis le cerf. Leur grand-père lut à voix haute la lettre qu'il contenait :

Pirli Pim Poum, chers petits lutins !

La longue attente est enfin terminée et nous pouvons maintenant vous annoncer une merveilleuse nouvelle : Maman Mona vient d'avoir non pas une, mais deux paires de jumeaux ! C'est très rare chez les lutins, ça n'arrive que tous les deux ou trois cents ans. Les bébés sont en bonne santé et joyeux, et nous, infiniment reconnaissants de ce merveilleux cadeau.

Rentrez vite avec votre grand-père afin que nous puissions fêter cet événement tous ensemble !

Nous vous envoyons Rusard le renard pour qu'il vous ramène. Nous nous réjouissons de vous revoir.

Mille baisers de Papa, de Maman et de vos quatre frères et sœurs dont vous choisirez vous-mêmes les noms et les arbres de vie.

PS : Ce sont deux filles et deux garçons !

Un peu plus tard, les trois lutins repartirent en forêt sur le dos de Rusard par une nuit scintillante d'étoiles.

– Joyeux Noël ! crièrent Moïse, Léo et Léa.